Joni Eareckson Tada

Sterben dürfen

Unser Recht zu leben und zu sterben

Aussaat

ABCteam-Bücher erscheinen in folgenden Verlagen:
Aussaat Verlag Neukirchen-Vluyn
R. Brockhaus Verlag Wuppertal und Zürich
Brunnen Verlag Gießen (und Brunnquell-Verlag)
Christliches Verlagshaus Stuttgart
(und Evangelischer Missionsverlag)
Oncken Verlag Wuppertal und Kassel

Titel der Originalausgabe:
When is it right to die?
Copyright © 1992 by Joni Eareckson Tada
Grand Rapids, Michigan
ISBN 0-310-58570-8

Aus dem Amerikanischen von Ulrike Becker

© 1995 Aussaat Verlag GmbH,
Neukirchen-Vluyn
Titelgestaltung: Namislow, Neukirchen-Vluyn
Titelbild: ZEFA, Düsseldorf
Satz: DTP/Aussaat
Druck: Ebner Ulm
Printed in Germany
ISBN 3-7615-1065-9
Best.-Nr. 111 065

Vicky Olivas
John McAlexander
Debbie Stone

Drei Menschen, die mir geholfen haben,
ein lohnenswertes Leben zu finden

Inhalt

Vorwort 6
Dank 7

Teil 1: Zeit zu leben?

Laßt uns hier beginnen 9
1. Verletzende Worte 12
Unterschiedliche Blickwinkel? – Zwei Menschen ... zwei Blickwinkel

2. Der Schmerz ist echt 22
Nützliche Informationen – Nützliche Informationen allein reichen nicht aus

3. Warum nicht sterben? 30
Wann darf man sterben? – Das geht dich nichts an! – Wenn die Pflege zu teuer wird – Wenn der Tod leichter zu ertragen ist als das Leben – Wenn der Tod eine Frage der Barmherzigkeit ist – Definitionen in der Sterbehilfe – Persönliche Anschauungen ... gesellschaftliche Trends

Teil 2: Zeit zu entscheiden

4. Es geht in Ihrer Entscheidung um andere 43
Es geht um Ihre Meinung – Jeder hat seine Rechte ... mehr oder weniger – Gottes Gebote zielen auf eine bessere Gesellschaft – Legalisierung der Euthanasie

5. Es geht in Ihrer Entscheidung um Sie selbst 52
Den Leidensprozeß umgehen – Das Wort mit „G" – Ist es der Mühe wert, solche Fäden zu weben? – Nützliche Informationen und...

6. Es geht in Ihrer Entscheidung um den Feind 62
„Niemand kümmert sich um mich" – „Ich habe vom Leben nichts mehr zu erwarten" – „Ich kann mit dieser Depression nicht mehr leben" – „Nichts erwartet mich nach dem Tod" – Glauben Sie den Lügen nicht! – Hören Sie auf die Wahrheit!

7. Es geht in Ihrer Entscheidung um Gott 71
Die Meinung der Bibel zur Euthanasie – Die Meinung der Bibel zum Sterben –

Tauschen Sie Angst gegen Frieden – Gott weiß, daß Sie auf ein Danach zusteuern – Gott weiß, daß Sie im Hier und Heute wertvoll sind – Man kann Gott vertrauen, auch wenn man dafür keine Erklärungen hat – Es geht in Ihrer Entscheidung um Gott persönlich

Teil 3: Zeit zu sterben

8. Lebenserhaltung und nicht Sterbeverlängerung 85
Wenn es an's Sterben geht, brauchen wir die Weisheit Gottes – Gott gibt die nötige Weisheit für ein konkretes Problem – Weisheit im Umgang mit Leben und Tod – Wie ist das mit lebenserhaltenden Systemen? – Behinderte Menschen – Menschen im Koma oder in anhaltend vegetativem Zustand – Das mag ja schön und gut sein für Jeremy, aber...

9. Es ist nicht einfach, den Unterschied zu erkennen 101
Fragen, die bedacht werden müssen – Schriftliche Willenserklärung oder Ausstellung einer Vollmacht – Die „Rechtsbelehrung" – Wenn Sie unterschreiben – Ein „guter" Tod – Sterbepflege – Der letzte Atemzug

10. Lohnenswertes Leben 113
In Menschen Antworten finden – Auch Gott vertseht – Das Leben ist lohnenswert – Zurück zum Anfang – Vorwärts, auf das Ende zu

Anhang:
Die Perspektive eines Arztes 121
Anmerkungen 124
Medizinische Fachbegriffe 127

Vorwort

Joni Eareckson Tada hat einen aktuellen und lebendigen Diskussionsbeitrag geschrieben, der mit ausgewogener Stimme der Frage nach unserm Recht zu leben und zu sterben nachgeht. Sie spricht damit nicht nur ein Thema an, mit dem wir als einzelne konfrontiert werden, sondern das auch zur gesellschaftlichen Entscheidung ansteht.

Joni spricht als eine, die mit dieser Frage zu kämpfen hatte und immer noch zu kämpfen *hat*. Sie hat die Unsicherheit, die Angst, die erdrückende Wahrheit, die Verzweiflung und das Nichtendenwollen einer bleibenden Behinderung erlebt. Sie hat verschiedene Möglichkeiten ins Auge gefaßt, sie mit offenem Herzen diskutiert und teilt nun ihre überlegten Erwägungen mit uns. Wer unter uns nicht in Jonis Rollstuhl gesessen hat, kann diese Fragen vielleicht niemals mit Jonis Augen sehen; aber nach dem Lesen dieses Buches, werden wir klarer verstehen.

Joni liefert kraftvolle, christlich und biblisch begründete Argumente zur Frage der Euthanasie. Aber auch wenn Sie nicht auf diese Autoritäten zählen, so bedenken Sie bitte, daß uns selbst in unserer Gesellschaft, die auf dem Altar High-Tech anbetet und versucht, die Natur zu kontrollieren der Sieg über den Tod immer wieder entgleitet. Dennoch bleibt die Kontrolle über den Tod eine ewige Versuchung.

Mögen diejenigen, die sich nach einem würdevollen Tod sehnen, sich hüten, daß sie dabei nicht diese Würde verspielen, die ihr Leben besitzt.

C. Everett Koop
Mediziner und 1981-89 Gesundheitsminister der USA

Dank

Auf diesen Seiten sind Sie eingeladen zu einem Bankett von Danksagungen, bei dem Sie am Ehrentisch Platz nehmen und den Lobreden zuhören dürfen.

Wenn Sie Interesse haben, dann bleiben Sie und schauen Sie zu, wie die Orden verteilt werden. Bleiben Sie eine Weile sitzen und lauschen Sie den Reden. Die Leute, die ich ehren möchte, sind durchweg besondere Menschen.

Francie Lorey und Judith Butler. Diesen beiden gebührt höchste Anerkennung. Sie waren meine Hände beim Forschen und Schreiben. Sie investierten ihre Zeit auch samstags und Liebe, damit dieses Buch fertig werden konnte.

Dr. John M. Frame. Erst nachdem ich sein Buch *Medical Ethics: Principles, Persons, and Problems* gelesen hatte, war ich überzeugt davon, daß ich es mit diesem Thema aufnehmen konnte.

Dr. Nigel M. de S. Cameron von der Trinity Evangelical Divinity School. Sein Unterricht und seine Anleitung im Fach Ethik garantieren, daß dieses Buch durchdachte Beurteilungen und eine solide ethische Haltung beinhaltet.

David Neff, Chefredakteur der Zeitschrift *Christianity Today*. Immer, wenn ich den eingeschlagenen Pfad theologisch oder ethisch verlassen hatte, war David zur Stelle, um mich wieder auf den richtigen Kurs zu bringen.

Dr. C. Everett Koop. Salz in unserer Gesellschaft. Licht für unsere Nation. Ein Prophet für die medizinische Fachwelt, für das juristische Establishment, für die Gemeinschaft der Gläubigen und für Behinderte und ihre Familien.

John Sloan, mein Herausgeber und Scott Bolinder, mein Verleger. Dank an Euch und an alle meine übrigen Freunde bei Zondervan, daß Ihr mir den richtigen Blick, die Anleitung und alle Mittel für diese Aufgabe gegeben habt. Gott segne Euch dafür, daß Ihr daran geglaubt habt, daß ich etwas zu sagen hätte. Ja, und es war auch schön, wieder bei Euch dabei zu sein.

Michael und Georgie Lynch, zusammen mit der ganzen Mannschaft von JAF (eine amerikanische Behindertenorganisation). Ihr habt geholfen, daß die Dinge im Büro am Laufen blieben, selbst wenn an meiner Tür ein „Bitte nicht stören"-Schild hing.

Vielen Dank auch der Gruppe, die sich montags zu Mittagessen traf, für all ihre Ermutigungen.

Meine tiefste Dankbarkeit gilt den Leuten, deren Zeugnisse das Rückgrat dieses Buches ausmachen. Ihre Haltung hat mich herausgefordert, mich den ethischen Urteilen zu stellen, die ich mit Mut und Überzeugung fällen mußte.

Und der Beste zum Schluß, mein Mann Ken.

TEIL 1
Zeit zu leben?

Laßt uns hier beginnen

Ich war nie der Typ für eine Doktorarbeit. Philosophiekurs Nummer 101 an der Universität von Maryland? Ich konnte mich kaum dazu zwingen. Dasitzen unter dem strengen Blick des Professors, während er seinen Vortrag mit der gewöhnlichen Monotonie einer Vorlesung hält? Vergiß es. In meinen Gedanken war ich bereits unten in der Mensa und las den Speiseplan des Tages. Rhetorik war nichts für mich, besonders wenn sie in der Sprache von Computern, Handbüchern, oder in dicken, schweren Lehrbüchern dargeboten wurde.

„Kommt mir nicht mit einer Version von ‚Krieg und Frieden'. Beantwortet nur einfach meine Frage." Und was das folgende Semester in Philosophie angeht, mal ehrlich, kümmert denn irgendeinen dieses „Ich denke, also bin ich"? Ein Wertesystem? Komm schon, richtig und falsch sind doch genauso leicht zu unterscheiden wie schwarz und weiß, Nacht und Tag, oder? Ob ein Moralkodex situativ oder rigoristisch vorgeht, nützt mir reichlich wenig. Gebt mir nur die reinen Fakten: War es unmoralisch? Ungesetzlich? Unethisch? Sagt's mir einfach.

Zu oft hatte ich mich geweigert, genügend Zeit oder geistige Energie in diese Fragen zu investieren. Und was war passiert? Ich ging weg, ohne eine sinnvolle Antwort gefunden zu haben.

Es ist viel zu einfach, mit einer hemdsärmeligen Haltung an schwierige Antworten auf noch schwierigere Fragen heranzugehen. Wir leben vor uns hin und streifen oberflächlich, rein gefühlsmäßig ein ethisches Thema, um ein oder zwei zufällige Ansichten zu erhalten. Vielleicht ist es gar nicht mal Bequemlichkeit. Vielleicht haben wir Angst vor harten Fragen. Oder wir haben noch viel mehr Angst vor den Antworten.

Aber irgendwo, irgendwann verändert sich unser Denken.

Ein Unfall, der uns alle Kräfte raubt, bringt uns dazu, daß wir die Theologen beim Kragen packen, damit sie sich zum Wie und

Warum bekennen. Ein medizinischer Bericht hält uns bis in die Morgenstunden wach, und wir wälzen Fachwörterbücher, um die Prognose einer Osteogenesis imperfecta zu finden. Ein Termin beim Finanzamt führt dazu, daß wir Steuerformulare und Ratgeber zur Steuererklärung studieren und fünfzehnmal mit dem Steuerberater telefonieren, um unsere Angaben in Ordnung zu bringen. Eine Tochter im Teenager-Alter schluckt eine Packung Tabletten, und wir sind schockiert, lassen die Schultern hängen und fragen uns, was wir tun sollen. Plötzlich hat uns eine ethische Frage gepackt, die wir bisher nur gestreift haben, und wir können nicht locker lassen, bis wir eine zufriedenstellende Antwort gefunden haben.

Genau das ist mir passiert.

Ein Tauchunfall als Teenager hinterließ bei mir eine völlige und bleibende Lähmung und tödliche Verzweiflung ... ein Krebsgeschwür zerfraß das Gehirn meiner fünfjährigen Nichte, bis sie schließlich dahinsiechte und starb ... das Alter und eine Serie von Herzinfarkten brachten meinen 90jährigen Vater unter das Netz von Schläuchen und Apparaten.

Irgendwo zwischen diesen Familientragödien veränderte sich mein Denken, und ich wurde gezwungen, mich einer Frage zu stellen, die ich viel zu lange ignoriert hatte. Ethik war kein bloßes Unterrichtsfach mehr. Die Frage nach moralischen Maßstäben bekam Fleisch und Blut und drang in die Wirklichkeit von Leben und Tod ein. Warum sollte man das Leiden nicht verkürzen oder es jemand anderen für sich verkürzen lassen, wenn die Schmerzen und die Qual der Behinderung zu groß wurden, um sie länger ertragen zu können? Warum sollte man das Dahinsiechen eines gequälten kleinen Mädchens nicht abkürzen und ihr Leben barmherzig beenden? Warum sollte man nicht aus Mitgefühl die Stecker herausziehen und einen alten Herrn sterben lassen? Ich mußte die Antwort finden. Das heißt, *wenn* es eine Antwort gab.

Es war mehr als nur die Alpträume, die meine Familie durchlebte. 25 Jahre im Rollstuhl hatten mich vor der Welt als offizielle Vertreterin eingeführt und gleichzeitig in eine Welt von Tausenden von Behinderten, die entweder gerade in der Verzweiflung eines Selbstmordversuchs versanken oder gerade wieder daraus auftauchten. In den Jahrzehnten, die ich in Krankenhäusern und Rehabilitations-Zentren verbrachte, machte ich Bekanntschaft mit dem Geschäftsmann, der an amyotrophischer Lateralsklerose litt und dessen Körper langsam schrumpfte und verfiel, mit dem jungen Sportler, der durch eine Wirbelsäulenverletzung gelähmt war und in einem Pflegeheim lebte, mit dem Vietnamveteranen, der mit einer merkwürdigen neuen Nervenkrankheit fertig werden mußte, und mit der Teenagerin mit zerebraler Kinderlähmung, die am Rand des Lebens zuschauen mußte, wie ihre Klassenkameradinnen sich zu Rendezvous verabredeten und Auto fuhren. Jeder von ihnen, und viele tausend andere, waren regelmäßig versucht, dem enormen Leiden oder dem gedanklichen Kampf zu entgehen, indem sie zu Tabletten oder Rasierklingen griffen. Und jeder stellte dieselbe Frage: Warum nicht all dem ein Ende setzen?

Während meiner Jahre als nationale Sprecherin für die Behinderten entdeckte ich bald, wie politisch brisant diese Fragen wurden. Ich arbeitete unter den Präsidenten Reagan und Bush im Nationalen Komitee für die Probleme von Behinderten mit. Ich saß in den Marmorhallen der Regierungsgebäude. Ich saß da und hörte mir an, wie die „Warum kein Ende setzen?"-Frage wie ein Tennisball zwischen Politikern und Gesetzgebern, Ärzten und Behindertenorganisationen hin und her gespielt wurde. Ich verfolgte Gerichtsverfahren, in denen der Hammer des Richters neben den Betten von Komapatienten niederging. Ich beobachtete die Schlagzeilen, wann immer eine Initiative zur Sterbehilfe bei den Wahlen auftauchte.

Hinter jeder dieser Zeitungsgeschichten und Abstimmungsinitiativen, hinter jedem Heftchen, das von Gruppen „für ein humanes Sterben" oder Gruppen „für die Erhaltung des Lebens" herausgebracht wurde, stand eine Familie. Eine Familie wie die meine. Ein behinderter Mensch wie ich. Ein Mensch und eine Familie für die mein Herz blutete.

Mein Herz regte sich für diese Menschen, weil ich das gleiche durchgemacht hatte. Ich hatte ihre Geschichte selbst erlebt: als eine Schwerstbehinderte, als Familienangehörige, als nationale Vertreterin und als politisch Engagierte. Ihre Leiden waren auch meine. Ihre Schmerzen hatte ich in meiner eigenen Brust gespürt. Wie sie hatte ich meine Seele durchforscht und mit den schwersten aller ethischen Fragen gerungen.

Fragen, auf die es durchaus Antworten gab. Obwohl meine Depression so lähmend schien wie meine Rückenmarksverletzung, habe ich eine Antwort gefunden, die das Leben lohnenswert gemacht hat. Auch meine Familie fand eine Antwort für meine leidende, von Krebs gezeichnete Nichte. Und was vielleicht am bewegendsten war, es gab sogar eine gültige Antwort für meinen sterbenden Vater.

Ich gewann die Überzeugung, daß dieselben Prinzipien, die

mir und meiner Familie durch den Alptraum von Depression, Selbstmordgedanken und Tod hindurchgeholfen haben, auch anderen helfen können. Was wir als Familie gelernt haben, kann auch anderen Familien von Nutzen sein.

Und das ist der Grund für das Buch, das Sie jetzt in den Händen halten. Vielleicht sind Sie an allen Gliedmaßen gelähmt und an den Rollstuhl gebunden, oder Sie sind die junge Mutter eines kleinen Mädchens, das an einer degenerativen Nervenkrankheit stirbt. Sie sitzen womöglich am Bett eines Ihrer Eltern, der tiefer und tiefer in geistige Verwirrung verfällt. Oder es kann sein, nur, es kann sein, daß Ihr Leben noch nicht mit der Welt unheilbarer Karnkheit, dem Sterben oder mit Behinderung in Berührung gekommen ist. Sie sind einfach lebensmüde aus irgendeinem schmerzlichen Grund. Ihre Probleme haben sich so angehäuft, daß Sie davon nur noch ausgelaugt werden. Der Schmerz betäubt. Ihr Denken ist vernebelt. Sie sind müde, so unendlich müde. Stille Verzweiflung hat sich in Ihnen eingenistet, und es ist Ihnen so egal, ob es eine Antwort gibt. Sie möchten nur das eine: daß der Schmerz aufhört.

Es gibt Hoffnung. Eine Antwort, mit der Sie leben können, ist greifbar nah. Ich möchte nicht wie einer von Hiobs Tröstern daherkommen, der Ihnen einen Klaps auf die Schulter gibt mit Antworten, die nicht zu den Problemen des anderen passen. Und haben Sie keine Angst – was Sie in der Hand halten, ist keine akademische Abhandlung.

In diesem Buch geht es nicht um ethische Systeme, sondern um Menschen wie Sie und mich und um unsere ethisch zu verantwortenden Entscheidungen.

1 Verletzende Worte

Jahrelang war es wie Musik in meinen Ohren gewesen. „Joni, du siehst überhaupt nicht so aus, als seist du gelähmt. Du schaust gerade so aus, als würdest du jeden Moment aus dem Rollstuhl hüpfen, dir ein Tennisracket schnappen und es allen zeigen."

Klingt gut. Aber früher oder später mußte das Unvermeidliche geschehen. Nach 25 Jahren im Rollstuhl fing mein Körper an kaputtzugehen. Ich sollte mich nicht beklagen. Ich mußte nicht die sonst üblichen Lungen- und Niereninfektionen erleiden, die mit einer Quadriplegie, einer Lähmung aller Gliedmaße, verbunden sind. Ich hatte über Jahre hinweg einen erstaunlich guten Gesundheitszustand genossen.

All das änderte sich 1991. Es war für mich ein Jahr voller Probleme mit dem Blutdruck, mit einem drastischen Gewichtsverlust, Infektionen und, was am schlimmsten war, mit entzündeten Druckstellen an meiner Seite und am Rücken. Drei lange Wochen während jenes Sommers war ich durch zwei besonders hartnäckige Entzündungen ans Bett gefesselt. Es war nicht leicht ständig flach auf dem Rücken zu liegen. Und wer konnte wissen, wie lange es dauern würde, bis diese nässenden Wunden sich schließen würden? Bei meiner letzten Bettlägrigkeit durch solche Druckstellen hatte es zwei Monate gedauert!

Während ich im Bett lag, änderte sich nichts, außer den Tagen und, hin und wieder, dem Bettzeug. Gott sei Dank war ich in der Lage durch ein oder zwei Artikel und einige Briefe, die ich schrieb, meinen Geist wach zu halten. Mein Mann Ken hängte ein Vogelhäuschen vor unser Schlafzimmerfenster, denn er dachte sich, die Spatzen und die gelegentlich erscheinenden widerlichen blauen Eichelhäher würden mich aufmuntern. Ein Eichhörnchen, dem er den Namen Mr. McFizz gab, kam täglich, um sich die Erdnüsse zu holen, die Ken unter dem Vogelhäuschen ausstreute. Die Vögel und das Schreiben hielten meinen Geist lebendig.

Ich versuchte, auch mein Herz wach zu halten. Freunde kamen vorbei. Ich hörte mir Kassetten an. Ich sah ab und zu fern. All dies hielt meine Niedergeschlagenheit in Grenzen. Zumindest meistens. Denn manchmal war es einfach, oh, so schwer.

Wie zum Beispiel an dem Tag, als ich Klaustrophobie bekam und ich mich eingezwängt fühlte. Gelähmt wie ich war, konnte ich mich nicht strecken oder im Bett drehen. Es war nicht so, daß ich mal für ein paar Minuten aus dem Bett springen konnte, am Kühlschrank vorbeischauen, kurz auf die Toilette gehen und mal schnell meine Haare kämmen konnte, um dann wieder mit einem guten Buch unter die Decke zu schlüpfen. Die einzige Bewegung, zu der ich fähig war, war meinen Kopf auf dem Kissen zu drehen. Und nach mehreren Wochen, in denen ich steif und unbewegt lag, war ich an dem Punkt, wo ich dachte, daß ich das nicht länger aushalten würde. Ich hatte genug durchgemacht.

Nun, ich habe schon Jahre körperlicher Rückschläge durchgestanden, und mein Glaube hatte mich schon lange durch das bittere depressive Stadium des Verleugnens und Feilschens hindurchgetragen. Aber das bewahrte meinen Verstand nicht davor, die verrücktesten Spielchen zu treiben. *Ich bin müde, einfach nur ausgelaugt, daß ich mit Händen leben muß, die nicht funktionieren wollen, und mit Beinen, die nicht gehen. Ich bemitleide mich nicht, ich bin nur einfach müde und an dem Punkt, wo ich alles hinter mir lassen will.*

Ich kämpfte mit den Tränen und versuchte, mich auf die Spatzen zu konzentrieren, die um das Vogelhäuschen flatterten. *Vielleicht werden sie mich aufmuntern.* Aber nein. Einen kurzen Augenblick lang war ich sogar fast eifersüchtig. *Ihr Vögel habt so viel Freiheit, ihr könnt tun, was euch gefällt. Kein Käfig aus Klaustrophobie. Keine Probleme.*

Ich verbrachte den Rest des Nachmittags damit, an die Decke zu starren, abgeschlossen vom Gezwitscher der Vögel. Statt dessen hörte ich auf das Tröpfeln des Urins, der aus meinen Schläuchen in den Behälter neben meinem Bett sickerte. Meine Gedanken wanderten zurück zu den Anfangstagen meiner Behinderung im Jahr 1967, als ich im Krankenhaus lag und nicht nur drei Wochen, sondern ein ganzes Jahr im Bett bleiben mußte. Damals war meine dünne, hagere Gestalt von entzündeten Druckstellen übersät, und obwohl ich künstlich ernährt wurde, konnte ich nicht zunehmen. Das wiederum bedeutete weitere Druckstellen. Ich wunderte mich im Nachhinein, daß ich es ertragen hatte, ein ganzes Jahr lang flach auf dem Rücken zu liegen.

In jenen Tagen war meine Depression nicht nur leicht und flüchtig gewesen. Ich wurde erfaßt von dem dumpfen einsamen Schmerz der Verzweiflung. Mein persönliches Martyrium habe ich in dem Buch *Joni* beschrieben:

Hier saß ich wie eine Raupe, die sich verpuppt hatte. Ich konnte nur meinen Kopf bewegen und war schon fast eine Leiche. Es bestand kein Fünkchen Hoffnung, jemals wieder laufen zu lernen. Ich würde niemals ein normales Leben führen und Dick heiraten können. Es ist sogar wahrscheinlich, daß er für immer aus meinem Leben verschwindet, überlegte ich. Ich wußte vor lauter Verzweiflung nicht, wie ich diesem Leben – aufwachen, essen, fernsehen, schlafen – noch einen Sinn abgewinnen sollte.
Warum in aller Welt soll ein Mensch gezwungen werden, so eintönig zu existieren? Ich betete darum, durch irgendeinen Unfall oder ein Wunder ums Leben zu kommen, nur um nicht weiterleben zu müssen. Die seelischen Qualen waren genauso unerträglich wie die körperlichen Schmerzen.
(Dezember 1967, aus dem Buch *Joni*)

Jahrzehnte sind vergangen, seit ich diese schrecklichen Qualen duchmachte, und es ist viel geschehen zwischen 1967 und dem Sommer 1991. Aber die drei Wochen, in denen ich unbeweglich dalag, an die Decke starrte und mit den Tränen kämpfte, waren wie ein Echo der damaligen Qual. Oh, wie sehr sehnte ich mich danach, daß die offenen Stellen heilten und ich das Gefängnis dieses Bettes verlassen konnte.

Am nächsten Morgen, nachdem Ken zur Arbeit gegangen war, kam meine Freundin, um mich zu waschen, mir das Frühstück zu geben und einen neuen Verband auf meine Wunden zu legen. Bevor sie in die Küche ging, um Kaffee zu holen, schaltete sie den kleinen Fernseher auf meinem Nachttisch an und stellte die Sendung *The Today Show* ein. Ich war erleichtert, als sie das Zimmer verließ. So mußte ich mich nicht mit ihr unterhalten und mir ein Lächeln aufzwingen. Ich war immer noch bedrückt, sehr bedrückt.

Nach den Nachrichten kündigte der Moderator, Bryant Gumbel, das nächste Thema an. Eine kurze Einblendung von Derek Humphry, wie er gelassen und bequem vor der Kamera saß, erschien auf dem Bildschirm. Ich kannte ihn von den Jahren, als ich als Sprecherin der Behindertenverbände gearbeitet hatte. Er war Präsident der Hemlock Society, einer Organisation, die die Idee fördert, daß unheilbar Kranke das gesetzliche Recht haben sollten, den Zeitpunkt ihres Todes selbst zu bestimmen.

Bryant hielt Humphrys Buch hoch: *Final Exit*. Er drehte es um und laß den Untertitel: Praktiken der Selbsterlösung und der Unterstützung von Sterbenden beim Selbstmord. Obwohl ich durch die Bettlägrigkeit isoliert war, hatte ich von *Final Exit* gehört. Einige nannten es kontrovers, andere sagten, es hätte nie veröffentlicht werden dürfen, wieder andere bestanden darauf, daß die Buchhändler das Buch boykottieren sollten. Bryant legte das Buch zur Seite und fragte: „Haben Sie keine Bedenken, daß dieses Buch in die Hände von jemandem geraten könnte, der einfach nur sehr depressiv, aber ansonsten durchaus heilbar ist?"

Humphry argumentierte leidenschaftslos, fast ruhig, daß er nicht zum Selbstmord auffordere. Aber Sterbende, die einen schmerzlosen Tod erleben wollten, sollten die Möglichkeit haben, diesen auch zu planen. Seiner Meinung nach bedeute dies, daß eine solche Person die Möglichkeiten für einen Selbstmord studieren sollte, einschließlich der verschiedenen Medikamente und ihrer Anwendungsweise, des freiwilligen Hungertods sowie der Auswirkungen, die ein Selbstmord auf Versicherungsverträge haben kann.

Meine Freundin kam herein und schob meinen Körper näher an die Bettkante, um mit dem Training meiner Beine zu beginnen. Während sie meine gelähmten Beine mechanisch durch eine Reihe von Bewegungsübungen führte, blieb mein Blick am Bildschirm haften.

Der Moderator wandte sich von Humphry ab und begrüßte Dr. Robert McAfee, einen Chirurgen der amerikanischen Ärztevereinigung. Bryant stellte eine freimütige und offene Frage, genau die, an die ich auch gerade dachte: „Bedauern Sie, daß dieses Buch auf dem Markt ist?"

Der Arzt rückte sich in seinem Sessel zurecht und schaute etwas unbehaglich. Seine Antwort traf das Problem, mit dem sich jeder Arzt konfrontiert sieht, wenn einer seiner Patienten dem Tod nahe ist. Kein Arzt sieht einen Menschen, den er betreut, gern an Schmerzen leiden. Und obwohl die medikamentöse Kontrolle von Schmerzen sehr weit fortgeschritten ist, können manche Patienten physisches Leiden schlechter ertragen als andere. Das ist für alle Beteiligten eine schwere und beunruhigende Situation.

Der Arzt schloß mit den Worten: „In Situationen eines entsprechend schweren Leidens können betsimmte Medikamente eingesetzt werden, um den Schmerz zu begrenzen und das Ende zu beschleunigen."

Bryant sah verdutzt aus. Die Antwort des Arztes widersprach in keiner Weise den Grundsätzen des Buches über den Selbstmord. „Was ist da der Unterschied?"

Dr. McAfee fügte hinzu, daß ein Arzt nichts Ungesetzliches tun sollte. In diesem Moment war ich genauso verwirrt wie der Moderator. War es ethisch vertretbar, „das Ende" eines unheilbar Kranken „zu beschleunigen", solange es nicht ungesetzlich war?

Nach ein oder zwei Minuten war die Kurzdebatte zwischen dem Autor von *Final Exit* und dem Vertreter des Ärzteverbandes verpufft. Bryant zuckte mit den Achseln und sagte: „Meine Herren, es scheint sich hier weniger um Meinungsverschiedenheiten zu handeln als vielmehr um unterschiedliche Blickwinkel." Die Kamera fing das Gesicht des Arztes ein. Er nickte zustimmend.[1]

Keine Meinungsverschiedenheit? Nur unterschiedliche Blickwinkel?

Wußten die drei Männer eigentlich, was sie gerade getan hatten? Oder gesagt hatten? Oder jemandem wie mir vorgeschlagen hatten? Während sich die Sendung *The Today Show* dem nächsten Thema zuwandte, fixierte ich meinen Blick auf meine leblosen Beine, die in diese und jene Richtung gestreckt wurden. Eine weitere Stunde in einer ermüdenden Routine. Jeden Morgen das gleiche, Tag für Tag, Jahr für Jahr. Im besten Fall langweilig. Im schlimmsten Fall, besonders an Tagen wie diesem, zutiefst bedrückend.

Mein Verstand ließ das Spielchen weiterlaufen. *Nachdem diese Sendung das Thema aufgebracht hat, wie wäre es, wenn du einfach aussteigst, dich fallen läßt? Du hast deine Pluspunkte im Rollstuhl doch schon zusammen. Und der Himmel ist sicher besser als das alles. Wenn du wieder in deinem Stuhl sitzen kannst, dann braucht es nur einen kleinen Ruck am Steuer deines Behindertenbusses und du saust über die Seitenlinie der Autobahn. Keiner würde jemals erfahren, daß du Selbstmord begangen hast, und du wärst frei von diesem gelähmten Körper.*

Ich schauderte und schüttelte den Gedanken aus meinem Kopf. Aber ich konnte der kühlen, ruhigen Denkweise Humphrys nicht entfliehen, der mir in seinem gelassenen Tonfall sagte, daß gewisse Leute unter gewissen Umständen dem Ganzen ein Ende setzen sollten.

Nachdem meine Freundin mich zu Ende gewaschen hatte und mich auf die Seite drehte, führte ich den Kampf mit meinen Gedanken fort. Hier lag ich nun, eine Frau voller Glauben, erfahren im Umgang mit den Herausforderungen einer schweren Behinderung, im Grunde sehr zufrieden, fröhlich und voll Frieden, wenn ich aufstehen und in meinem Rollstuhl sitzen konnte. Hier war ich also und spielte mit verrückten Selbstmordgedanken!

Und wenn ich versucht werden konnte, was war dann mit den Millionen anderer, die sich dieses Interview heute Morgen angesehen hatten? Und nicht nur depressive, behinderte Menschen, sondern jeder andere mit der üblichen Montagmorgen-Melancholie. Die drei Fachleute im Fernsehen mögen sich auf distanzierte Art darauf geeinigt haben, daß die Meinungsverschiedenheiten über das Recht eines Menschen, seinen eigenen Tod zu wählen, nur eine Frage der Wortwahl seien, aber meine quälenden Gedanken sagten das Gegenteil. Ich war sicher, daß ich mit diesem Ringen nicht allein war. Es gab zahllose andere, die durch die Andeutungen in Humphrys Worten ins Wanken gerieten; bereit, über die „Wortwahl" zu stolpern und den „letzten Ausweg" zu wählen.

Tatsächlich blätterte ich nicht lange nach diesem Fernsehinterview in der Zeitschrift *Time* und entdeckte dort ein Foto, das mich aufmerksam machte eine Mutter mit ausdruckslosem Blick, die das Bild ihres Sohnes umklammerte. In dem Artikel ging es um die Wut dieser Mutter darüber, daß ihr krankhaft depressiver Sohn Selbstmord begangen hatte. Er hatte sich *Final Exit* gekauft und hatte bis aufs Haar die Anleitungen des Buches befolgt. Die Worte seiner Familie ließen mich erstarren: „Er war besessen von diesem Buch. Es hat ihm den Weg gezeigt."[2]

Ich schnitt den Artikel aus, um ihn als Merkzettel aufzuheben. Offensichtlich hatten viele andere Menschen, und einige mit weit schlimmeren Depressionen als ich, diese Sendung gesehen.

Unterschiedliche Blickwinkel?

Einen Monat später hatten sich meine offenen Druckstellen schließlich geschlossen und endlich konnte ich aufstehen und in meinem Rollstuhl sitzen. Ich war kaum dieselbe Frau, die mit jenen Todesgedanken gespielt hatte. Mir war erstaunlich leicht ums Herz und ich hatte Frieden. Wie schnell meine Depression verschwunden war!

Aber ich konnte diese Sendung von The Today Show nicht aus dem Kopf bekommen. Es war diese Sache mit den „unterschiedlichen Blickwinkeln". Die Worte des Autors und des Arztes blieben in mir haften. Man begeht nicht länger Selbstmord, man übt einen Akt der „Selbsterlösung" aus. Ein Mediziner würde im Zuge einer Gesetzgebung, die jedem das Recht zugesteht, den eigenen Todeszeitpunkt frei zu wählen, keine tödliche Injektion mehr geben, er würde eine Maßnahme zur Sterbehilfe anwenden. Man würde einander nicht mehr töten, man würde passive oder aktive Euthanasie betreiben. Die Sätze selbst klangen so kühl und distanziert wie bei Humphry.

Warum diese sprachlichen Klimmzüge? Warum dieser subtile Versuch, Achtbarkeit und Sterilität um eine kalte, harte Realität zu packen? Vielleicht glauben die Befürworter von Humphrys Ansichten, es sei notwendig, die Idee der „Selbsterlösung" vom Selbstmord zu trennen, oder die „Sterbehilfe" vom Töten, da solche Dinge, zumindest momentan noch, gesellschaftlich fragwürdig erscheinen. Vielleicht glauben sie, es sei besser, manchen Worten ihren Schrecken zu rauben.

Und noch etwas machte mir Sorgen. Dem ganzen Tonfall der Diskussion war der Schrecken genommen. Sollte es nicht unsere Gemüter erregen, wenn ein Mensch durch die Hand eines anderen stirbt? Das trockene Gespräch, das ich im Fernsehen verfolgt hatte, hatte die Debatte zu einem gemütlichen Plausch über unterschiedliche Blickwinkel heruntergespielt. Ich fragte mich, ob nicht irgendwo ein paar Fachleute sitzen und noch mehr beschönigende Begriffe wie „Sterbehilfemaßnahme" oder „Selbsterlösung" erfinden. Und wenn ja, ist nicht letztlich ihr Ziel die Demontage einer althergebrachten Anschauung, die Menschen durch Jahrhunderte hinweg geleitet hat?

Vielleicht, vielleicht auch nicht. Aber eines ist sicher: Worte haben Überzeugungsmacht. Einer von Humphrys Kollegen hat das so formuliert: „Wenn wir zu sehr versuchen, unsere Ideen einer Gesellschaft aufzuschwatzen, die noch nicht dafür bereit ist, so etwas ins Auge zu fassen, werden wir unsere Effektivität schmälern. Wenn wir vorsichtig operieren ... gewinnen wir eine größere Anhängerschaft für unsere Ansichten."[3] Ist das der Grund, warum es die Öffentlichkeit nicht mehr für einen gar so schrecklichen Gedanken hält, wenn ein Schwerstbehinderter oder unheilbar Kranker eine „völlig logische Entscheidung" trifft, indem er beschließt, seinem Leben ein Ende zu setzen?

Die ganze Strategie klang so sauber, so makellos. Aber ich bekam dabei eine Gänsehaut. Meine Gedanken jagten zurück in das Jahr 1967, als ich einer dieser schwerstbehinderten Menschen war, gefangen in einem Krankenhausbett und umgeben von Apparaten und Schläuchen. Ich weiß heute, daß ich in meiner düsteren Verzweiflung umnebelt war von einer schweren Depression. Ich weiß auch, daß ich oder meine Familie womöglich offen gewesen wären für einen Vorschlag zur Sterbehilfe, wenn wir uns von schön klingenden Überzeugungskünsten hätten bestimmen lassen.

„Was für eine Schande, wie unglücklich. Es wäre besser für sie gewesen, wenn sie gar nicht erst durchgekommen wäre", so hatte eine entfernte Verwandte von mir geseufzt. Und es klang gar nicht mal so schlecht. Wenn man seine Gedanken nicht über die vier nackten Wände eines Krankenhauses erhebt, dann können die Worte von Experten und Fachleuten, selbst von entfernten Verwandten, sehr plausibel klingen.

So muß ich mich fragen: Was *hätte* ich getan, wenn *Final Exit* im Regal meiner Krankenhausbibliothek gestanden hätte?

Zwei Menschen ... zwei Blickwinkel

In den folgenden Wochen war ich wieder an der Arbeit und schrieb Artikel, studierte Unterlagen über Behinderungen, telefonierte mit anderen offiziellen Sprechern und gab Radiointerviews. Ich sammelte so viele Artikel aus den Zeitschriften *Time* und *Newsweek* und so viele Ausschnitte aus den Tageszeitungen, daß mein Schreibtisch davon überquoll. Meine Mitarbeiter fanden mich etwas zwanghaft, aber ich brannte darauf zu erfahren, wie andere auf das neue Buch über den Selbstmord in den Buchläden reagierten.

Eines Morgens, als ich zur Arbeit erschien, bemerkte ich, daß meine Sekretärin die neueste Ausgabe von *Newsweek* auf meinen Schreibtisch gelegt hatte. Ich besah den Text auf der Titelseite: „Den Tod wählen: Ein Selbstmordhandbuch zum Selbermachen entfacht einen Sturm." Und ein weiterer Untertitel: „Immer mehr Ärzte helfen Schwerkranken, sanft zu sterben."

Sofort dachte ich an meinen Freund Bob Ball, einen Geschäftsmann, der noch letztes Jahr Vizepräsident einer großen Mediengesellschaft gewesen war. Aber die amyotrophische Lateralsklerose hatte alles verändert. Als ich ihn das letzte Mal sah, saß er im Rollstuhl. Doch in jüngster Zeit war seine Krankheit weiter fortgeschritten, und nun kann Bob keine Nahrung mehr schlucken. Er ist an einen Infusionsschlauch angeschlossen. Das nächste wird ein Beatmungsgerät sein. Manch einer würde Bob anschauen, den Kopf schütteln und ihm einen Platz auf den untersten Stufen dessen zuweisen, was wir die Skala der Lebensqualität nennen. Ich seufzte und fixierte meinen Blick auf den Untertitel über die Ärzte, die Schwerkranken zu einem sanften Tod verhelfen.

Ich öffnete die Zeitschrift und las ein paar der Artikel. Die Titelseite hatte recht; da brach ein Sturm los. „Du sollst nicht töten" war vielleicht vor 3.500 Jahren eine Nachricht wert gewesen, aber heute nicht mehr das Recht, den eigenen Todeszeitpunkt frei wählen zu können, hat sich für immer im öffentlichen Interesse festgebissen. Und die Argumente in den Artikeln klangen überzeugend und mitfühlend. Wer würde nicht helfen wollen, daß Schwerkranke sanft sterben können?

Ich schloß die Zeitschrift und sah aus dem Fenster und dachte dabei wieder an Bob Ball. Ich sah ihn vor mir, wie er das, was von seinem Leben noch übrig war, mit Mut ertrug ... verzweifelt um Atem ringend und doch, ohne zu klagen ... unfähig zu schlucken und doch merkwürdig friedvoll ... nur noch mit den Augen kommunizierend, und ich sah sein unübertroffenes Lächeln, das so viel sagt. Ich stellte mir seine Freunde und seine Familie vor, wie sie ihm halfen, jedes Gramm Leben aus den Tagen herauszuquetschen, die ihm noch blieben. Neulich nahmen sie sich mehrere Stunden Zeit, um ihn in einen Behindertenbus zu packen und mit ihm einen Ausflug zum Strand zu machen. Auf der einen Seite wußte ich, was er und seine Familie zu diesem Buch über Selbstmordmethoden sagen würden. Aber auf der anderen Seite wußte ich, daß Bob sich wünschte, daß sein naher Tod sanft, ruhig und würdevoll sein sollte.

Ich öffnete erneut die Zeitschrift *Newsweek*. Ich laß noch einmal die Geschichten über Menschen, deren Probleme genauso heimtückisch waren wie die amyotrophische Lateralsklerose. Die Geschichte einer Frau namens Helen bewegte mich sehr. Nachdem ihr Mann Selbstmord begangen hatte, nahm die 62jährige Helen drei Jobs an, um ihre Kinder zu ernähren und das Haus zu behalten. Aber ernste Herzprobleme änderten alles. Zwischen den vielen Operationen blieb sie dennoch eine Musterpatientin in der Rehabilitations-Klinik, wo sie ihre Zimmergenossinnen aufmunterte und noch lange mit Besuchern plauderte, obwohl sie schon längst im Bett sein sollte.

Selbst nachdem eine Operation sie an das Beatmungsgerät zwang, zog sich Helen nie vom Leben zurück und freute sich an der Schwester, die ihr die Haare legte und viel Aufhebens um ihr Make-up machte. Ihr Wille blieb stark, obwohl ihr Körper zusehend verfiel. Als nächstes kam eine Beinamputation. Dann mußte das andere Bein abgenommen werden. Danach veränderte sich Helen es war als hätte ihr jemand alle Freude geraubt. Eines Nachmittags bat sie eine Schwester, ihr von den Lippen abzulesen und die Nachricht aufzuschreiben. „Ich habe mich entschlossen, mein Leben zu beenden, da ich so nicht weiterleben möchte. Ich möchte daraus keine große Sache machen."[4]

Das Beatmungsgerät wurde entfernt. Es dauerte nur etwas mehr als eine Woche, bis ihrem Wunsch stattgegeben wurde.

Helens Probleme waren genauso schwerwiegend wie Bobs, aber sie hatte eine deutlich andere Meinung über ihren Zustand. Helen haßte ihr Leben. Fragen der Wortwahl oder unterschiedliche Blickwinkel halfen ihr wenig. Es hätte sie wenig gekümmert, daß Sterbehilfemaßnahmen gesellschaftlich anstößig sind. Die harte, kalte Wirklichkeit ihres bevorstehenden Todes duldete keine Debatten. Sie verachtete ethische Diskussionen über ihren Zustand. „Ich möchte so nicht weiterleben", das war ihr nüchterner, letzer Wille und ihr Testament.

Als ich ihr Foto in der Zeitschrift betrachtete, spürte ich, daß ich ihre Gedanken lesen konnte. Gedanken, die mir nur zu vertraut waren, beängstigende Gefühle, mit denen ich kaum ein paar Wochen zuvor gerungen hatte. *Ich bin müde, einfach nur ausgelaugt, daß ich mit Händen leben muß, die nicht funktionieren wollen, und mit Beinen, die nicht gehen. Ich bemitleide mich nicht, ich bin nur einfach müde und an dem Punkt, wo ich alles hinter mir lassen will.*

„Oh Gott, wohin hatte uns diese hochtechnisierte Welt gebracht", flüsterte ich, während ich die Zeitschrift beiseite schob. „Ich kann Bobs Standpunkt verstehen und auch ... Helens."

2 Der Schmerz ist echt

Da stand es an der Spitze der Bestsellerliste der *New York Times*: Derek Humphrys *Final Exit*. Wie konnte ein neunminütiges Interview im morgendlichen Fernsehprogramm bewirken, daß Tausende von Lesern die Buchläden stürmten?
Über Wochen hinweg machte diese Story Schlagzeilen. Kameras verfolgten jeden Auftritt Derek Humphrys, Mikrofone zeichneten jede Stellungnahme auf. Aber nicht nur dieser berühmte Bestsellerautor machte von sich reden.

Wachsende Unterstützung für das „Recht, den eigenen Todeszeitpunkt frei wählen zu können"
Ein beunruhigender Trend

Warum so viel Theater um künstliche Ernährung?

Die Behinderten fordern Rechte und Entscheidungsfreiheiten

Christliche Behinderte formieren sich gegen die Beihilfe zum Selbstmord

Ich machte mir Gedanken über die Familien, die hinter dem Fettgedruckten standen. Ich erinnerte mich, wie die Zeitungen Namen von Leuten wie Karen Quinlan ausposaunt hatten, eine junge, aktive Frau, die in den frühen 70er Jahren eine Hirnverletzung erlitten hatte und an lebenserhaltende Geräte angeschlossen worden war. Fernsehbilder ihrer trauernden Eltern flimmerten durch die Abendnachrichten. In den 80er Jahren wurden die Quinlans zum Tagesgespräch, zusammen mit den Eltern von Nancy Cruzan und Christine Busalacchi, anderen jungen Frauen in halbkomatosem Zustand. Reporter und Kameraleute mit Strahlern und Mikrofone bestürmten diese ausgelaugten Familien, wenn sie aus den Krankenhäusern und Gerichtsgebäuden kamen. Interessengruppen beider Seiten machten Eingaben vor Gericht und veröffentlichten Handzettel. Das Bemühen der Eltern, daß die lebenserhaltenden Systeme bei ihren Geliebten abgeschaltet würden, gerieten ins Zentrum des Medienrummels.

Doch die berühmt gewordenen Angehörigen leidender Menschen waren nicht die einzigen, die Schlagzeilen machten. Ihre Ärzte rückten sogar in den Mittelpunkt der Nachrichten.

Wie zum Beispiel in der Geschichte um Janet Adkins. Als Janet erfuhr, daß sie an der Alzheimerschen Krankheit litt, glaubte sie, sie könne der Erniedrigung einer schleichenden Behinderung nicht standhalten. Es zeigten sich bei ihr kaum Symptome der Alzheimerschen Krankheit, aber das zügelte die erschreckenden Gedanken nicht. *Was wird mit mir geschehen? Wie werde ich das durchstehen? Wer wird mich füttern, wenn ich nicht mehr alleine essen kann? Wie kann ich es aushalten, von anderen abhängig zu sein?* Janet faßte ihre Ängste in einer Nachricht zusammen: „Ich habe die Alzheimersche Krankheit und ich möchte nicht, daß sie weiter fortschreitet. Ich lehne es ab, meine Familie oder mich selbst dem Todeskampf dieser schrecklichen Krankheit auszusetzen."[5]

Aber Janet wollte ihren Schmerz nicht im Licht der Medien zur Schau gestellt sehen. Nachdem sie im Stillen und ganz privat ihre Vorbereitungen getroffen hatte, flog sie daher quer über den Kontinent nach Michigan, nahm sich einen Mietwagen, fuhr zu einem verrosteten VW-Bus in einen Naturpark, trat ein und ließ sich von Dr. Jack Kevorkian, einem pensionierten Pathologen, an eine Apparatur anschließen, die ihren eigenen Tod herbeiführen würde. Nachdem sie einen Knopf gedrückt hatte, tröpfelte eine intravenöse Injektion zwei Stoffe in ihren Blutkreislauf: einen, der sie betäubte, und einen zweiten, der einen Herzstillstand verursachte.

Wenige Augenblicke nachdem Dr. Kevorkian die Polizei benachrichtigt hatte, stürzten die Medien sich auf den Vorfall. Artikel über den „Todesarzt" erschienen in jeder größeren Zeitschrift. Wiederum tönten die Schlagzeilen:

Freimütiger Arzt bringt Anliegen der Euthanasie an die Öffentlichkeit

„Selbstmordapparat" kommt den Heucheleien des Hippokratischen Eides auf die Schliche

Sie bekam ihren Willen, sagt Dr. Kevorkian

Der pensionierte Pathologe blieb auch weiterhin im Rampenlicht der Medien. Im folgenden Jahr verhalf er zwei weiteren behinderten Frauen zum Selbstmord. Sherry mit Multipler Sklerose und Marjorie mit einer Beckenerkrankung. Und das war noch nicht das Ende seiner „Taten".

Der Tod von Sherry und Marjorie wurde von weiterer Berichterstattung auf den Titelseiten begleitet. Es gab spezielle Untersuchungsberichte. Artikel mit tiefgehenden Analysen. Gründliche Leitartikel. Buchstäblich über Nacht wurde die Öffentlichkeit in eine erhitzte Debatte über das Recht eines Menschen, den eigenen Todeszeitpunkt frei wählen zu können, hineingezogen. Interessengruppen der Rechten und der Linken drängten Ärzte an die Wand ethischer Entscheidungen und entzündeten unter Ethikwissenschaftlern und Aktivisten beider Meinungsgruppen eine neue Runde von Diskussionen über Tod und Sterben. Jedesmal wenn ich nach Washington fuhr, begegneten mir befreundete Vertreter von Behindertenverbänden, die mit der Faust gegen den Rollstuhl schlugen und sagten: „Es muß etwas geschehen!"

Doch viele Familien mit behinderten, sterbenden oder auch älteren Angehörigen schwiegen in all der Empörung. Viele Menschen, die selbst an auszehrenden Erkrankungen litten, verstummten und verfolgten die Debatte aus sicherer Entfernung. Einige sahen in den Ärzten einsame und mitfühlende Mitstreiter, jemand auf ihrer Seite, der sie verstand. Ganz offensichtlich hatten die Entscheidungen von Janet, Sherry und Marjorie einen empfindlichen und schmerzhaften Nerv getroffen.

Nützliche Informationen

Janet und andere wie sie kamen aufgrund der bizarren Umstände ihres Todes in die Schlagzeilen. Die Cruzans und andere Familien gerieten ins Rampenlicht, weil ihr Anliegen vor Gericht kam, nachdem die Krankenhäuser sich geweigert hatten, dem Wunsch der Familien stattzugeben und die Beatmungsgeräte abzuschalten oder die Infusionsschläuche zu entfernen.

Aber solche Leute sind die Ausnahme.

Die Mehrzahl der Selbstmorde von älteren, todkranken oder auch behinderten Menschen geschieht im Stillen zu Hause oder in Heimen, weit entfernt von den Medien, den Gerichten und dem Auge der Öffentlichkeit. Das sind leidende, hoffnungslose Menschen, die niemals in den Abendnachrichten Erwähnung finden. Das sind diejenigen, die in stiller Verzweiflung vor sich hin leben: die Frau mit Krebs, die nur noch hin und wieder eine kurze

Besserung ihres Leidens erlebt. Der kleine Junge im Halbkoma, der fast lächelnd einen kurzen Moment lang Augenkontakt sucht und dann wieder abdriftet. Der Zimmermann, der sich beim Sturz aus einem Fenster im zweiten Stock den Hals gebrochen hatte und nun, von seiner Frau verlassen, in einem Pflegeheim lebt.

Manche sind todkrank, aber sie liegen noch nicht im Sterben. Manche sind ältere Menschen, bei denen das Sterben bereits begonnen hat. Manche liegen halb im Koma. Manche befinden sich in einem anhaltenden vegetativen Stadium.

Manche sind keineswegs im Sterben begriffen. Sie sind nur einfach deprimiert aufgrund von mentalen, emotionalen oder physischen Behinderungen. Und da sind die vielen Mütter, Väter, Schwestern und Brüder solcher leidender Menschen.

Sie würden sich im Rampenlicht nicht wohlfühlen. Wahrscheinlich wissen nur ein paar enge Verwandte oder Nachbarn von ihrer Verzweiflung. Sie fühlen sich allein und sehr einsam und haben Angst, daß sich zu viele neugierige Zuschauer in ihren Leidensprozeß einschleichen. Aber gelegentlich fühlen sie oder ihre Familien sich gezwungen, über ihren Lebensweg aus Schmerz und Qualen zu schreiben. Und einige von ihnen schreiben an mich.

Liebe Joni,
Ich hörte, wie du ein Buch mit dem Titel „Hat Gott wirklich alles in der Hand?" erwähntest. Ich wäre froh, wenn ich ein Exemplar dieses Buches bekommen könnte, da ich mit genau dieser Frage zu kämpfen habe.
Meine Schwester Janet, die 23 Jahre alt ist, hatte einen schweren Autounfall. Sie erlitt schwere Verletzungen der Lunge und des Hirnstammes und liegt nun, nach vier Monaten, immer noch im Koma und reagiert so gut wie gar nicht auf ihre Umwelt. Sie hatte ein gutes Leben mit Freunden, der Kirchengemeinde, glatten Einsern im Studium, einem Job als Bewegungstherapeutin; nun scheint all das umsonst.
Wenn sie all ihre körperlichen Fähigkeiten verloren hätte, aber geistig gesund geblieben wäre, hätte ich es leichter akzeptieren können. Ich kämpfe wirklich damit, wie Gott durch so eine Situation in irgendeiner Weise verherrlicht werden könnte. Um ehrlich zu sein, das ist wie ein lebender Tod – die Trauer nimmt kein Ende, weil Janet noch „lebt". ... Ich bin froh, für jede nützliche Information, die Sie mir bitte schicken können.
Joyce Hutt

Ich kann mir vorstellen, wie Joyce in dämmrigem Licht an der Bettkante ihrer Schwester wacht und nachdenkt, wartet und hofft. Aber ihr Brief berührt etwas noch Quälenderes. Sie stellt unausgesprochen eine Frage: Wann, wenn überhaupt, verliert das Leben seinen Wert?

Warum ist das eine unaussprechliche Frage? Nun, Joyce's

am Gehirn verletzte Schwester ist nicht in der Lage, für sich selbst zu sprechen. Und wer würde es wagen, ein solches Urteil zu fällen, besonders im Namen einer nahestehenden Person oder einer Familienangehörigen? Joyce schreibt, daß sie auf Gott schaut, mit Gott ringt. Sie möchte nicht am Bett ihrer Schwester selbst Gott *spielen* und willkürlich das Urteil fällen: Ja, Janet soll sterben, oder nein, Janet soll leben. Wer hat das Recht zu sagen, ob das Leben eines anderen noch lohnenswert ist? Vielleicht können sich ein paar Familien wie die Cruzans oder die Quinlans dazu durchringen, diese Frage offen zu stellen und ihrer Antwort gemäß zu handeln, aber Tausende wie Joyce stehen verwirrt und verlegen daneben.

Ihr Brief ist mir zu Herzen gegangen. Joyce hat sehr persönliche und schockierende Gedanken vor mir ausgeschüttet; vor mir, einem Menschen, den sie nicht einmal kennt. Und meine Augen füllten sich mit Tränen, als ich ihren letzten Satz las: „Ich bin froh, für jede nützliche Information, die Sie mir bitte schicken können."

Es ist eindeutig, daß Joyce und mit ihr Millionen „schwerwiegende moralische Entscheidungen" nicht fällen wollen. Statt dessen wollen sie wissen, was sie richtigerweise tun sollen. Vielleicht wissen sie nicht, wie sie es formulieren sollen, aber sie sehnen sich danach, den Unterschied zu verstehen, zwischen dem Verlängern des Sterbens und dem Erhalten von Leben. Oder – gibt es überhaupt einen Unterschied zwischen beidem?

Wie kann ich meinem todkranken Angehörigen am besten helfen? Oder älteren Menschen? Oder wenn ich es mit einer zersetzenden Krankheit zu tun habe? Ist es jemals ethisch vertretbar oder angemessen, die für einen Menschen lebenserhaltenden Apparaturen abzuschalten? Wenn ein geliebter Mensch im Sterben liegt, können wir ihn nicht einfach sterben lassen? Bitte, sagt mir: Gibt es einen Unterschied zwischen der Verweigerung von Medikamenten, der Beendigung der künstlichen Ernährung und einer tödlichen Injektion? Zeigt mir, was ich tun soll. Sagt mir, was ich sagen soll. Eine saubere, leicht verständliche Fünf-Punkte-Liste. Bitte, eine hübsche Auflösung für eine schwierige Situation. Ja, bitte, gebt mir nützliche Informationen.

Was wäre, *wenn* ich mich Joyce am Bett ihrer Schwester nähern würde und ihr eine sauber getippte Liste mit Regeln geben würde, was sie tun und was sie lassen solle? Wären das die Hilfsmittel, die sie wirklich braucht?

Und viel mehr noch, was wäre, wenn ihre Schwester nur so lange aus dem Koma erwachen würde, um ihren Willen kundzutun? Vielleicht würde sie leben wollen ... vielleicht sterben. Und vielleicht würde sie reagieren wie der junge Mann im folgenden Brief:

Liebe Joni,
Mein Bruder war vor drei Jahren in einen Motorradunfall verwickelt, durch den er querschnittsgelähmt wurde. Er war nie in der Lage, seinen Zustand zu akzeptieren. Er hat sich seitdem fortwährend selbst zerstört. Er hat schreckliche Wunden vom Liegen, er wurde zweimal operiert und muß nun ständig im Bett liegen. Sie mußten ihm an einem Bein das Hüftgelenk, Bein- und Kniegelenkknochen entfernen und beim anderen Bein oberhalb des Knies amputieren. Das ist auf Nachlässigkeit zurückzuführen. Er will sterben und er bringt sich langsam um.
Er ist 32 Jahre alt – er hat so einen klaren Verstand und dies ist so eine Vergeudung. Keiner in der Familie kann mit ihm reden – wir sind völlig frustriert. Wir sind so dankbar für jeden Rat, den sie uns geben können.
Mit freundlichen Grüßen
Kathy Bennett

Kathys Bruder hat sein Leiden abgewägt und befunden, daß sein Leben die Mühe nicht lohnt. Er hält an dem Recht fest, seinen Körper zu mißbrauchen und dadurch seinen Tod herbeizuführen.

Was stecke ich für Kathys Bruder in die Post? Einen Brief? Bücher? Den Namen eines örtlichen Seelsorgers, der Hilfe bei Selbstmordgefährdung anbietet? Ich kann diesen Brief nicht unbeantwortet lassen. Und doch weiß ich, daß es nahezu unmöglich ist, gegenüber jemandem wie diesem Querschnittsgelähmten mit Verstand und Objektivität für ein „Leben mit Lebenswert" zu argumentieren. Ich habe die professionellen Handbücher von Seelsorgern gelesen, und sie alle sagen das gleiche: Der Drang eines Menschen, Selbstmord zu begehen, übersteigt jedes verstandesmäßige Argument.

Was würden also zehn gute Gründe gegen den Selbstmord gegen die Überzeugung dieses jungen Mannes bewirken, sich selbst zu zerstören? Ich könnte ihn von meinen eigenen depressiven Phasen berichten, aber ich muß nicht mit schwerwiegenden Amputationen zurecht kommen. Ich habe nicht mehr mit ernsthaften Depressionen zu kämpfen; ich sehe die Dinge jetzt klarer. Aber was macht ihm das schon aus? Zwischen seinen verqueren Emotionen und meinen klar ausgerichteten Gedankengängen, seinen strapazierten Gefühlen und meinen kühl durchdachten Aussagen, seiner Gefühllosigkeit und meiner Empfindsamkeit liegt ein tiefer Graben.

Es stimmt, daß manchmal Menschen wie Kathys Bruder, die bereit sind, sich vom Leben zu verabschieden, überredet werden können, noch einmal vom Fenstersims herunterzusteigen. Aber oft verfehlen rationale Appelle ihr Ziel.

Nützliche Informationen allein reichen nicht aus

Diese Lektion mußte ich durch eine gute Freundin, Ada Walker, lernen. Ada war meine Zimmergenossin im Krankenhaus nach meiner Verletzung, und über ein Jahr teilten sie und ich mit einigen anderen Mädchen ein Sechs-Bett-Zimmer. Ada und ich hatten viel gemeinsam: Wir waren jung, wir waren beide Unfallopfer, wir waren dadurch Quadriplegiker, und wir haßten es, behindert zu sein. Wir teilten den Schmerz miteinander, unsere Bitterkeit, unsere schreckliche Angst, was als nächstes kommen würde, wer uns füttern würde, wie wir damit klarkommen würden, von anderen abhängig zu sein. Das Elend brauchte Gemeinschaft, und Ada und ich verbrachten viele Stunden damit, über das kalte Krankenhausessen und die schmutzigen Bettücher zu klagen.

Aber an der Stelle hörten die Gemeinsamkeiten auf. Während der langen Monate meines Krankenhausaufenthaltes bemerkte ich bei Ada eine Veränderung. Jedesmal wenn ich an Adas Bett vorbei zur zu Bewegungstherapie rollte, sah ich den Unterschied:

Ada hatte aufgegeben. Ich war noch am Kämpfen.

Ada nahm alles hin. Ich war stinkwütend.

Adas Augen waren glasig. Meine blitzen feurig vor Wut.

Ada hatte aufgehört zur Therapie zu gehen. Ich ging hin und strengte mich an, nur um diesen blöden Ärzten zu zeigen, daß sie keine Ahnung hatten, wovon sie redeten, denn ich würde wieder gehen.

Ada sah keinen Ausweg. Ich war drauf und dran die Eingangstür des Krankenhauses hinaus zu stürmen.

Ada zuckte Gott gegenüber verdrießlich mit den Achseln. Ich hätte Gott am liebsten eins auf die Nase gegeben.

Ihre Zimmergenossen und ich machten uns Sorgen, weil sich Ada in diesen langen, verschlossenen Stunden offensichtlich in einen bewußten und methodischen Selbstmord hineinmanövrierte. Verrückt! Wenn ich mit allem Schluß machen würde, wäre ich in einem Anfall explodierender Wut aus einer Kurve gerast.

Der taube, leblose Schleier, der über ihrem Bett hing, sagte mir, daß sie alles für eine paar Tabletten oder eine Rasierklinge geben würde. Zu diesem Zeitpunkt hatte ich nicht mehr mit der gleichen selbstmörderischen Verzweiflung zu tun. In diesem Stadium heizte Wut meine Energien an, jedem neuen Tag ins Auge zu sehen und ein Selbstmord wäre, soweit es mich betraf, Drückebergerei gewesen. Niemand mußte mich überzeugen, welches Handeln ethisch korrekt, richtig und angemessen war – es galt, aus diesem stinkigen Krankenhaus auszubrechen!

Übrigens gab es noch einen auffälligen Unterschied zwischen Ada und mir. Ada rauchte wie ein Schlot. Ich nicht. Eines Tages machte ich an ihrem Bett Halt – sie paffte an einer Zigarette, die in einem Aschenbecher steckte und an einem langen Schlauch befestigt war, dessen Ende sie zwischen den Zähnen hielt. Sie inhalierte den Rauch tief, als wolle sie ihre Lungen zum Platzen bringen. Dann atmete Ada langsam aus, wartete einige Sekunden und saugte den Rauch erneut ein. „Du wirst dich mit diesen Dingern noch umbringen", meinte ich ernsthaft besorgt.

Ada blies den Rauch langsam aus und beobachtete, wie er aufstieg. „Kann's kaum erwarten", antwortete sie kühl.

„Ada, das kannst du nicht ernst meinen. He! So einfach lassen wir dich hier nicht aussteigen", meinte ich, halb im Scherz, und schaute unsere Zimmergenossinnen an.

Bleierne Stille.

„Schau", sagte ich und rollte näher an ihr Bett heran, „das würde deine Eltern sicher sehr hart treffen."

Sie drehte den Kopf weg und paffte weiter an ihrer Zigarette.

Meine Freundin hatte, trotz meiner besten Absicht, ihr nützliche Informationen zu geben, eine Entscheidung gefällt. Mit meinen schwachen Versuchen, objektiv zu sein, lief ich ins Leere. Das Leben, davon war Ada ohne jegliche Gefühlsregung überzeugt, war es nicht wert, gelebt zu werden. Jahre später besiegelte eine Lungenentzündung ihren Entschluß.

Adas Geschichte ist bitter und schön zugleich. Bitter, weil sie, wie Kathys Bruder, willentlich ihren Körper mißbraucht hat, um einen frühen Tod herbeizuführen. Schön, weil Ada ungefähr ein Jahr vor ihrem Tod schließlich den großen Graben zwischen Verzweiflung und Hoffnung überwunden hatte und ein lohnendes Leben gefunden hatte. In diesem letzen Lebensjahr überquerte sie die unüberbrückbare Kluft zwischen Hoffnungslosigkeit und Hoffnung. Sie fand ein gutes Maß, mit ihren verwirrten Gefühlen umzugehen.

Immer wenn ich zu einer Kontrolluntersuchung ins Krankenhaus mußte, sorgte ich dafür, daß ich etwas Zeit mit Ada verbrachte. Dann saß ich ihr staunend gegenüber. Sie war einer der heitersten, lebhaftesten Menschen geworden, die ich kannte, und inspirierte und ermunterte alle ihre Zimmergenossinnen und alle anderen, vom Hausmeister bis zur Oberschwester.

Aber ihr innere Haltung konnte den Schaden, den sie ihrem

Körper angetan hatte, nicht ungeschehen machen. Nicht einmal neue Hoffnung konnte die Zündschnur des Todes entschärfen, die sie Jahre zuvor in Brand gesetzt hatte.

Für Ada kam jede Information zu spät, selbst wenn sie noch so nützlich gewesen wäre.

3 Warum nicht sterben?

Auf meinem Schreibtisch konnte ich nicht noch mehr Artikel und Zeitungsausschnitte unterbringen, also legte ich einen Aktenordner an, steckte alles hinein und stellte ihn ins Regal. Doch die Fragen, die all diese Artikel aufwarfen, ließen sich nicht stillschweigend in ein Regalfach verbannen.

Wann darf man sterben?

Tausende wie Ada fanden die, wie sie glaubten, endgültige Antwort. „Behinderte im ganzen Land haben Selbstmord begangen", so berichtet das World Institute on Disability, „... sie sehen keine Hoffnung mehr, keine Zukunft."[6]

Ist das die Antwort? Dürfen Menschen sterben, wenn sie keine Hoffnung mehr sehen, keine Zukunft? Dürfen Menschen sterben, wenn der Schmerz unerträglich wird, die medizinischen Kosten ins Unermeßliche steigen, die persönliche Würde zunichte gemacht ist? Wo zieht man die Grenze? Und wer darf sie ziehen? Wann ist es berechtigt zu sagen, „soviel kann ich ertragen und nicht mehr!"

Während ich an meinen gelähmten Beinen hinunter sah, um über diese Fragen nachzudenken, bemerkte ich den Mehrfachstecker mit seinen sechs Anschlüssen. Einen Anschluß für meinen Computer. Einen weiteren für den Drucker. Einen für den Kassettenrecorder. Und noch einen weiteren für das kleine Elektroheizgerät. Soviel konnte angeschlossen werden und nicht mehr. Ich wagte es nicht, ein weiteres Gerät in die Dose einzustecken, denn sonst würde die Sicherung fliegen und in meinem Büro ginge der Strom aus.

Manche Menschen sind wie so ein Mehrfachstecker. Eine unheilbare Krankheit. Dazu noch Chemotherapie. Dazu Bestrahlungen. Dann noch eine weitere Operation. Vielleicht noch eine. Weitere Therapien. Und dann brennt irgendeine Sicherung durch. Alle Kraft ist wie weggesogen und sie sind einfach am Ende.

Ist das der Lauf der Dinge? Hat jeder von uns das Recht, den eigenen Todeszeitpunkt frei zu wählen, je nachdem, wie gut oder schlecht wir Schmerzen, Kosten oder die Erniedrigung ertragen können? Über eines war ich mir im Klaren: Für jeden von uns kommt die Zeit zu sterben, und wenn diese Stunde da ist, sollten wir darauf vorbereitet sein, unseren Abschied zu nehmen. Aber das Problem bleibt: Wann genau ist der Zeitpunkt dafür gekommen?

Wann darf man sterben?
Das geht dich nichts an!

„Du möchtest einen Zeitpunkt wissen? Ich sag dir einen." Fast konnte ich Arlene reden hören. „Der Zeitpunkt ist dann gekommen, wenn du selbst es entscheidest. Punktum."

Arlene Randolph war sportlich und voller Leben, doch durch einen Sturz beim Klettern im Küstengebirge Kaliforniens wurde ihr Rückenmark verletzt. Sie blieb schwerstgelähmt. Die Ärzte sagten ihr immer wieder, daß ihr Leben wieder leichter würde, wenn sie erst einmal lernen könnte zu sitzen ... sobald sie einen besseren Rollstuhl bekäme ... sobald sie ein besonderes Bett hätte ... sobald sie nach Hause gehen könnte. Doch für Arlene war das Leben nicht so nett und sauber. Ihr Mann Phil brachte es auf den Punkt: „Für sie war alles schiefgelaufen, was schieflaufen kann."

Als selbstbewußte, junge Frau wußte Arlene wessen Leben das war – ihr eigenes. Nicht das ihres Mannes und nicht das ihrer beiden Kinder. Ihr Leben gehörte nicht den Ärzten und Schwestern, die sie im Krankenhaus zurückgelassen hatte. Und die Wahl zwischen Leben und Tod, über die sie nachdachte, ging ihren Rabbi oder auch ihren Pfarrer, der die kleine Selbsthilfegruppe in ihrer Gemeinde leitete, ganz bestimmt nichts an.

Weniger als ein Jahr nach ihrem Unfall, entschied sich Arlene. Da sie nicht bereit war, ein Leben ohne funktionierende Hände und gehfähige Beine auf sich zu nehmen, entschied sie sich dafür, sich zu Tode zu hungern. Ihr Mann unterstützte ihren Entschluß. „Sie war in ihren Gewohnheiten festgefahren, und das war schon immer so gewesen. Und sie war nicht deprimiert", sagte ihr Mann.

Ich wußte, daß Arlenes Behinderung keine tödliche Krankheit war, und sie war von den Pforten des Todes weit entfernt. Sie war behindert wie ich auch, und ihre Entscheidung war ein bewußter Selbstmord. Da ich von den körperlichen Schmerzen wußte, die einen Hungertod begleiten, schrieb ich ihr einen Brief.

„Vielleicht ist unsere Situation nicht genau identisch", schrieb ich, „aber ich kann die Einsamkeit, das Durcheinander, den Kampf mit dem Groll und die vielen Fragen verstehen." Als ebenfalls Behinderte bat ich sie, ihre Entscheidung zu überdenken. Aber Arlene starb, nicht lange nachdem sie meinen Brief erhalten hatte.

Nach dem Tod seiner Frau sprach ich am Telefon mit Phil. „Hättest du dir gewünscht, daß Arlene noch etwas länger gewartet hätte, bevor sie sich entschied, sich umzubringen?"

Am andern Ende der Leitung herrschte Schweigen, dann ein zaghaftes „Ja, ja. Ich denke die ganze Zeit darüber nach." Dann fügte Phil schnell hinzu: „Aber ich hatte kein Recht, sie zu hindern. Genaugenommen haben wir alle, die ganze Familie, sie unterstützt."

Arlenes Tod war ihre eigene Sache gewesen. Das hatte sie geglaubt. Und obwohl die Schmerzbekämpfung und die Möglichkeiten für Behinderte, ein unabhängiges Leben zu führen, so gut sind wie nie zuvor, sind doch für manche Leute Dinge wie maßgefertigte Rollstühle, besondere Betten, begleitende Pflege, angepaßte Wohnräume und finanzielle Hilfen unwesnetlich. Alles spitzt sich auf den Punkt zu, daß sie nicht mit einer schwerwiegenden Behinderung leben wollen, und sie glauben, es sei allein ihre persönliche Entscheidung.

Ich kann nicht anders, als mir vorzustellen, wie Arlenes Leben vor dem Unfall ausgesehen hatte. Man kann sich leicht ausmalen, wie sie die Felsvorsprünge des Big Sur hinaufgeklettert war, wie sie sich in der Wildnis einen Weg gebahnt hatte, oder wie sie auf ihrem Fahrrad vorgeprescht war und das Feld im Staub hinter sich gelassen hatte. Und irgendwie paßt ihre Entscheidung, zu sterben, in dieses Do-it-yourself-Muster. Schließlich war Arlene eine Individualistin, wie sie im Buche steht, eine geborene Amerikanerin, die an ihrem Individualismus als dem höchsten Gut festhielt. Ihre Art von Eigeninitiative fand ihren logischen und letzten Ausdruck in der Entscheidung, zu sterben. Die Ironie ist, daß in unserer Gesellschaft, die den Individualismus als bewährte Tradition ansieht, Arlenes Entscheidung normal, akzeptabel und nicht überraschend erscheint.

Aber war Arlenes Abschied vom Leben ihre Sache und nur ihre? Wir haben die Macht, solch einen Entschluß zu fassen, bevor uns das Leben unfreiwillig entflieht. Aber wäre es möglich, daß eine solche Entscheidung der letzte und höchste Ausdruck der Selbstsucht ist?

Wann darf man sterben?
Wenn die Pflege zu teuer wird

„He, für eine Menge Leute ist sterben einfach billiger als zu leben!"

Ich hätte mir nie träumen lassen, daß dies bei einem Bankett in den Köpfen der meisten dort anwesenden Christen aus dem Gesundheitswesen die zentrale Frage war. Ich war als Hauptrednerin eingeladen und mein Thema war: „Hilfe zum Selbstmord unter Behinderten". Während der anschließenden Zeit für Fragen, wandte sich die Hauptsorge den wachsenden Kosten im Gesundheitswesen zu. Ein Arzt schüttelte den Kopf und sagte: „Die Behandlungskosten übersteigen bei weitem das Machbare. Die Leute sammeln Rechnungen, die von keiner Krankenversicherung getragen werden." Er trommelte mit den Fingern auf den Tisch und fügte dann hinzu: „Ich denke, diese ganze Debatte um Leben oder Sterben wird von wirtschaftlichen Gesichtspunkten entschieden werden."

Mich schauderte. Ich mußte an jene Großmutter im Pflegeheim denken, die eine Behandlung verweigerte, weil die 10.000 $, die ihre Pflege monatlich kostete, die Ersparnisse für das Studium ihrer Enkel aufzehrte. Und ich dachte an den subtilen Druck, den die Gesellschaft auf sterbende, todkranke oder von Krankheit geschwächte Menschen ausübt, indem sie daran erinnert, daß kostenintensive Behandlungen schließlich auch ihre Grenzen haben.

Sind wir an dem Punkt angekommen, wo uns die Kosten des Gesundheitswesens dazu zwingen, am Leben eines jeden Menschen ein Preisschild anzubringen? Was wird aus denen, die wirtschaftlich am verwundbarsten sind? Die Entscheidung gegen Behandlungsmaßnahmen und für einen schnellen Tod, mag für einen wohlhabenden, gut versicherten Menschen eine unter mehreren Optionen sein. Aber für arme, verlassene oder schwer geschädigte Menschen mag die Entscheidung, das Leben zu verkürzen, vielleicht die *einzige* Möglichkeit sein.

Wann darf man sterben?
Wenn der Tod leichter zu ertragen ist als das Leben

„Es gibt eine Zeit, wo das Leben zum Feind und der Tod zum Freund wird."

Ein schwarzer Schnauzer und Bart. Ein schwarzes Hemd. Schwarze Hose, Schuhe und Socken. Das war das erste, was mir an

Ken Bergstedt auffiel, als ihn sein Vater in mein Büro schob. Aber unsere Unterhaltung war überraschend locker. Während sein Vater auf dem Sofa des Büros saß, quatschten Ken und ich über unsere Behinderungen, wie verärgert wir über die Hersteller von Rollstühlen waren, weil sie die Preise ständig erhöhten, und wie sinnvoll es war, das Schafleder, auf dem wir schliefen, doppelt abzubrausen. Unser einstündiges Treffen verging im Flug. Ken und sein Vater kehrten zu ihrem Wohnmobil zurück und fuhren am nächsten Tag wieder nach Hause nach Las Vegas, Nevada.

Nachdem Ken gegangen war, sann ich über unsere Gemeinsamkeiten und Unterschiede nach. Wir waren beide alte Veteranen, was unsere Behinderungen anging, aber es gab einige Unterschiede zwischen uns, was unseren Glauben anging. Meine Einschränkungen hatten meinen Glauben gestärkt. Seine Einschränkungen hatten ihm alle geistlichen Neigungen geraubt. Aber ich war dankbar, daß er mit mir in Kontakt blieb. Ich erhielt einige Monate später einen Brief von Ken mit einigen Fotos, die zeigten, wie sein Vater das Wohnmobil für seinen Rollstuhl umgebaut hatte.

Ein Jahr später laß ich in der Zeitung über Ken. Der Artikel erklärte mit entschiedenem Tonfall, daß Kenneth Bergstedt, ein vom Beatmungsgerät abhängiger Mann aus Nevada, nun wünsche, daß ihn sein Vater beim Selbstmord unterstützen solle. Kens Entschluß wurde gesteigert durch die Angst, daß sein Vater aufgrund nachlassender Gesundheit bald sterben könne. Beide hatten Angst, Ken würde nicht mehr angemessen versorgt werden, wenn sein Vater erst einmal tot wäre.

Es war so gut wie unmöglich, zu Ken durchzukommen, nachdem die Medien erst einmal im Spiel waren. Dennoch versuchte ich, ihn zu erreichen, indem ich ihm schrieb: „Ist es wahr, daß du in einem Artikel gesagt hast, du hättest ‚keine glücklichen oder ermutigenden Erwartungen an das Leben, und du lebst in ständiger Angst und Besorgnis?' Diese Worte lassen einen erstarren – sie erinnern mich an eine Zeit, als ich das gleiche sagte. Aber laß dich von ihnen nicht vom Beatmungsgerät wegzerren."

Ich glaube nicht, daß ihn mein Brief je erreicht hat. Und aus weiteren Zeitungsberichten wurde mir klar, warum Ken wollte, daß sein Vater ihn tötete. Das Leben erschien ihm schrecklicher als der Tod.

Vier Monate später nahm ich die Morgenzeitung in die Hand und laß eine kurze Notiz am unteren Rand der Titelseite. Ken war gestorben. Sein Vater starb nur kurze Zeit später.

Die Aussicht auf ein Leben ohne die vertraute Pflege durch seinen Vater war unerträglich. Der Tod erschien Ken als der bessere Freund, verglichen mit der ihm bekannten Hölle des Lebens. Die Ironie dabei ist, daß ein Leben ohne seinen Vater noch vor ihm gelegen hätte, es hätte nicht notgedrungen die Hölle sein müssen. Ich persönlich kannte Leute in seiner Gemeinde, die ihm dabei helfen wollten, die Zukunft als seinen Freund kennenzulernen. Aber Ken lehnte ab. Was er über das Leben wußte, erschien ihm beunruhigender als das, was er über den Tod wußte.

Viele würden sagen, daß Kenneth Bergstedt aus Las Vegas, Nevada, mit höherem Einsatz gepokert hatte, indem er ein dunkles und ungewisses Vergessen den freundlicheren Aussichten auf ein Leben mit der Chance zur Veränderung vorgezogen hatte.

Wann darf man sterben?
Wenn der Tod eine Frage der Barmherzigkeit ist

„Kein anständiger Mensch würde es zulassen, daß ein Tier derart leidet, und es nicht von seinen Qualen erlösen. Nur zu anderen menschlichen Wesen sind die Menschen so grausam, daß sie sie mit Schmerzen, in Hoffnungslosigkeit, im lebendigen Tod weiterleben lassen, ohne auch nur einen Finger zu rühren, um ihnen zu helfen", hat Isaac Asimov gesagt.[7]

Vor langer Zeit schaute ich mir mit Freunden einen Kinofilm mit dem Titel *Pferden gibt man den Gnadentod* an. Ich war gerade aus dem Rehabilitations-Zentrum entlassen worden und meine Freunde meinten, es sei sicher schön für mich, am Freitagabend wieder mal auszugehen. Außerdem kam in dem Titel das Wort „Pferde" vor, also konnte der Film nicht so schlecht sein, oder?

Falsch. Es war die Geschichte einer depressiven Frau, die einen Freund darum bittet, ihr die Pistole an die Schläfe zu setzen, um sie von ihrem Leiden zu erlösen. Als der Freund protestiert, sagt Jane Fonda mit traurigen Augen: „Pferden gibt man den Gnadenschuß, oder etwa nicht?" Nach diesem Satz verließen wir das Kino.

Kunst imitiert manchmal das Leben, und obwohl die Botschaft dieses Films vor 20 Jahren, als er in die Kinos kam, womöglich schockierend gewesen war, würden heute mehr als 63% der Amerikaner den „Gnadentod" in bestimmten Fällen befürworten.[8]

Aber was bewegt einen Menschen dazu, den Tod eines anderen herbeizuführen und zu sagen: „Es ist nur zu deinem Besten?"

Ist es wirklich deshalb, weil der Schmerz unerträglich wurde? Die Eindämmung von Schmerzen ist heute so hochentwickelt und fortschrittlich wie nie zuvor. Ist es das Leben mit Einschränkungen? Wer weiß, wie sich Arlene entschieden hätte, wenn sie ihrem Rollstuhl eine Chance gegeben hätte. Ist es die zerstörte Würde und der Verlust der Hoffnung bei einem geliebten Menschen? Oder sind wir durch das Leiden eines geliebten Menschen dazu motiviert, ihm den „Gnadentod" zu geben, oder leitet uns ein verworrenes Gefühl von Schuld, Mitgefühl und Mitleid, wenn wir diesen Menschen ansehen?

„Kein anständiger Mensch würde es zulassen, daß ein Tier derart leidet, und es nicht von seinen Qualen erlösen", sagte Asimov. Seltsam, leidende Tiere besitzen auch keine so menschlichen Eigenschaften wie Würde oder Hoffnung, egal wie eindringlich Isaac Asimov oder Filmemacher auch argumentieren mögen.

Barmherzigkeit wird damit definiert, einen Menschen „freundlich oder mitfühlend zu behandeln".[9] Asimov tadelt Menschen, weil sie keinen Finger rühren, um den Leidenden zu helfen. Ich stimme da von Herzen zu. Aber gibt es keine besseren Wege, Freundlichkeit und Mitgefühl zu zeigen, als einen geliebten Menschen in ein dunkles und ungewisses Vergessen hineinzuschicken?

Definitionen in der Sterbehilfe

Hören Sie sich nur einmal die Antworten einiger Leute auf die Frage „Wann darf man sterben?" an und Sie werden einen Mischmasch hören, in dem nicht nur das Wann, sondern auch das Wer, das Wie und das Warum vorkommen! In den oben genannten Beispielen, befand sich niemand wirklich im Sterben. Doch egal ob ein Mensch sterbend, ausgezehrt oder todkrank ist, oder ob es sich um einen Familienangehörigen eines solchen Menschen handelt, jeder von ihnen benutzt die gleiche Sprache und ähnliche Argumente. Um etwas Klärung in diesen Wirrwarr zu bringen, sollten wir uns einige Begriffe anschauen.

Euthanasie / Sterbehilfe

soll „guter Tod / gutes Sterben" bedeuten, doch die heutige Bedeutung des Wortes verwirrt, denn es bringt alle möglichen Bilder mit sich, vom Herausziehen eines Steckers bei einem geliebten Menschen bis zur Ermordung von Millionen Menschen, die im Deutschland der Nazizeit als gesellschaftlich unbrauchbar angesehen wurden. Praktisch gesprochen, bedeutet Euthanasie, den Tod eines anderen herbeizuführen, oder ihn darin zu unterstützen, weil Dritten oder auch dem Patient selbst das Leben nicht mehr lohnenswert scheint. Die Motive sind in der Regel, jemanden vom Leiden zu erlösen, Geld zu sparen oder die Würdelosigkeit, die mit dem Sterben verbunden wird, zu beenden. Unter diese breite Definition fallen eine Reihe speziellerer Begriffe.

Freiwillige Sterbehilfe
bedeutet, mit Einwilligung und Zustimmung des Betroffenen dessen Tod herbeizuführen.

Nicht-freiwillige Sterbehilfe
bedeutet ohne Zustimmung des Betroffenen dessen Tod herbeizuführen, jedoch mit Einwilligung der Angehörigen, des zuständigen Gremiums am Krankenhaus oder des Gerichts. Entscheidend ist die Tatsache, daß der Patient unfähig ist, und jemand anderes entscheiden muß, entweder was der Patient gewünscht hätte, oder was in seinem besten Interesse ist.

Unfreiwillige Sterbehilfe
bedeutet, unter welchen Umständen auch immer, gegen den Willen des Betroffenen dessen Tod herbeizuführen.

Sterbeselektion
schließt die unfreiwillige Sterbehilfe gegenüber Menschen ein, deren Leben nicht länger als gesellschaftlich wertvoll angesehen wird. Diese Art der Sterbehilfe bedroht ein breites Spektrum von Menschen, einschließlich ältere Menschen, Gewohnheitskriminelle, Geisteskranke oder Behinderte. Momentan gibt es keine Gruppen, die eine solche Sterbeselektion offiziell vertreten, aber Bevölkerungskontrolle und Kosteneindämmung sind zwei Hauptargumente, wenn dieses Thema diskutiert wird.

Aktive Sterbehilfe
ist ein „Gnadentod", bei dem eine Person aktiv etwas unternimmt, um den Tod eines anderen Menschen herbeizuführen.

Passive Sterbehilfe
ist ein „Gnadentod", der herbeigeführt wird, indem medizinische Hilfe unterlassen oder ausgesetzt oder die Ernährung beendet wird.

Beihilfe zum Selbstmord
bedeutet, daß ein Arzt oder Angehöriger einer Person Hilfe leistet, so daß sie sich zu Tode bringen kann.

Würdevoller Tod
ist ein Begriff, der etwas Bestimmtes zu bezeichnen versucht, aber dabei etwas ganz anderes ausdrückt. Schließlich ist der Tod die endgültige Entwürdigung, bei der ein Mensch alles verliert, was er im Leben besessen hat. Der Tod bleibt, mit den Worten der Bibel gesprochen, der letzte Feind. Es mag sein, daß Menschen gelassen und in Frieden sterben, aber mit Würde? Der moderne Gebrauch dieses Begriffes unterstellt, daß ein Tod durch Selbstmord oder Tötung wesensmäßig einem natürlichen Tod vorzuziehen ist. Verfechter der Euthanasie erklären, daß es ein würdevoller Tod sei, einen Menschen ohne die Unmenschlichkeit und den Schmerz sterben zu lassen, die oft durch besondere medizinische Anstrengungen hervorgerufen werden.

Momentan gibt es keine Gesetze, die vorschreiben, daß ein Sterbender mit intensiven Maßnahmen am Leben erhalten werden muß. Außerdem haben alle geistig dazu fähige Menschen das gesetzliche Recht, medizinische Hilfe abzulehnen, vorausgesetzt sie wurden vom Arzt ausreichend informiert, um eine überlegte Entscheidung zu treffen.[10]

Sterberecht
ist ein weiterer Begriff, der das eine meint, aber das andere sagt. Wörtlich genommen ist „ein Sterberecht" sinnlos. Es gibt kein Recht auf etwas, das unvermeidlich und unabwendbar ist. Aber im allgemeinen Sprachgebrauch bedeutet der Begriff manchmal das „Recht, dem Sterben überlassen zu werden", das durch eine tödliche Krankheit verursacht wird; in anderen Fällen meint er auch ein vermeintliches „Recht, sich töten zu lassen".

Der frühere amerikanische Gesundheitsminister C. Everett Koop erklärt Sterbehilfe und Sterberecht, indem er ein und dasselbe Wort benutzt.

„Die ganze Frage der Euthanasie läßt sich mit einem Wort zusammenfassen: Motivation. Wenn das Motiv darin besteht, einem Patienten, der die Qualen des Sterbens durchleidet, die Schmerzen zu lindern, und dafür ein Medikament angewandt wird, daß Schmerzen nimmt, so ist dies keine Euthanasie, selbst wenn das Medikament das Leben des Patienten um einige Stunden verkürzt. Wenn ihm jedoch eine Droge verabreicht wird, mit dem Ziel, sein Leben zu verkürzen, dann ist das Motiv der Handlung Sterbehilfe. ..."[11]

Lebensqualität
als Begriff ist ein jüngeres Phänomen. Vor 50 Jahren starben Menschen, die sich, wie ich, den Hals brachen – man braucht sich um die Lebensqualität keine Gedanken mehr zu machen, wenn man tot ist.

Heute liegt die Sache ganz anders. In den letzten Jahrzehnten hat uns die medizinische Technologie immer bessere High-Tech-Geräte zur Verfügung gestellt, um die sogenannte Lebensqualität eines Menschen zu verbessern. Und das hat der Gesellschaft Macht verliehen, die Tatsache, ob ein Mensch stirbt oder lebt, ganz von der Anwendung einiger technologischer Spielereien oder neumodischer Medikamente abhängig zu machen. Ein Beatmungsgerät erlaubt einer durch Polio vierfach Gelähmten, wie meiner Freundin Lily, das Atmen. Ein ausgeklügeltes Medikament stabilisiert die Emotionen meiner Nachbarin Linda, die mit einer manischen Depression kämpft. Oder ein eingesetzter Katheter gewährleistet bei jemandem wie mir den Urinabfluß.

Dialysegeräte, Schrittmacher, Insulinspritzen und sogar Medikamente, die Schmerzen oder Depressionen in Schach halten – all diese Dinge erhöhen mehr oder weniger die „Lebensqualität".

Obwohl die Hilfe durch diese High-Tech-Geräte oder durch medikamentöse Therapien unbestreitbar ist, beginnt das Leben eines solchen Menschen durch seine Fähigkeit definiert zu werden, ob er funktioniert oder nicht. Lily kann dank des Beatmungsgerätes im Rollstuhl sitzen und wie ein „normaler" Mensch ihren Beschäftigungen nachgehen. Menschen wie Linda mit Schmerzen oder Depressionen können unter Medikamenten berufstätig sein und eine Familie haben. Sie sind funktionsfähig. Deshalb ordnet die Gesellschaft diese Menschen etwas höher auf ihrer sogenannten Skala der Lebensqualität ein als die weniger funktionstüchtigen Menschen, wie meinen Freund Bob, der durch seine Krankheit schnell verfällt und nur noch im Bett liegen und mit den Augen blinzeln kann.

Manche behaupten, daß eine Gesellschaft, die anfängt Menschen nach ihrer Lebensqualität zu bewerten, schließlich diejenigen erhalten wird, die die Möglichkeit haben zu funktionieren, … und diejenigen vernachlässigen wird, die nicht funktionieren. Folglich wird die Gesellschaft denen, die körperlich fit und intellektuell fähig sind, eine hohe Lebensqualität zuschreiben, obwohl gerade sie manchmal am elendesten dran sind. Armen, ausgezehrten Menschen wird die Gesellschaft dagegen eine sehr niedrige Lebensqualität zumessen, obwohl sie manchmal viel zufriedener sind.

Der Begriff „Lebensqualität" wird so gegen den Begriff der Unantastbarkeit des Lebens ausgespielt. Dies bringt mich zu meiner nächsten Definition.

Absoluter Wert
spiegelt die langbewährte ethische Anschauung wider, daß das menschliche Leben einen vollkommenen Wert besitzt, unabhängig von anderen Faktoren, die Funktionsfähigkeit einer Person eingeschlossen. Mit anderen Worten, egal wie sehr Bob durch seine Krankheit körperlich behindert ist, sein Leben wird niemals an Wert verlieren.

Relativer Wert
wird dem menschlichen Leben dann zugemessen, wenn es von anderen Faktoren abhängig gemacht wird, z.B. von der Frage, wieviel ein Mensch tun kann oder nicht. Dieser Definition nach sind Wert und Sinn von Bobs Leben abhängig vom Grad seiner körperlichen Einschränkungen.

Leben
besitzt, je nach Anschauung, einen absoluten oder einen relativen Wert. Was ist richtig? Und welchen Einfluß haben solche unterschiedlichen Anschauungen darauf, ob das Leben eines atmenden menschlichen Wesens namens Bob, das flach auf dem Rücken liegt, am untersten Rand der Lebensqualität der Gesellschaft, erhalten oder abgelehnt wird?

Persönliche Anschauungen ... gesellschaftliche Trends

Wann? Wer? Was? Wie? Warum? Man weiß, man hat es mit einem verwirrenden Thema zu tun, wenn man mit den Definitionen so kleinlich umgehen muß. Und obwohl Definitionen aus dem Lexikon den Kampf um Leben oder Sterben so ordentlich und sauber aussehen lassen, ist er dies noch lange nicht. Wie ich bereits sagte, der Tod ist eine große Entwürdigung, der letzte Feind, und wir sollten schockiert sein von den Geschichte einer Arlene oder eines Ken. Aber warum ist dies nicht der Fall?

Euthanasie ist nichts Ungewöhnliches. Sie wurde in den Krankenhauskomitees für ethische Fragen verborgen gehalten, während man Totenscheine ausschrieb, und in den Hinterzimmern der Entbindungsstationen von Schweigen umhüllt, während man schwerstbehinderte Säuglinge dem Hungertod preisgab.

Auf der einen Seite ist es gut, das Thema Euthanasie aus der Verborgenheit zu reißen und es in das Licht der öffentlichen Debatte zu stellen, weil die Menschen in der Lage sein müssen, zu verstehen und durchdachte Entscheidungen zu fällen. Auf der anderen Seite nimmt die ständige Wiederholung der Geschichten von Arlene und Ken diesen nach und nach ihre schockierende Wirkung. Die Öffentlichkeit empört sich nicht mehr über den Hungertod behinderter Säuglinge auf Krankenhausstationen oder über die Waffe, die sich ein Menschen mit Alzheimer an den Kopf setzt. Statt dessen fangen die Leute an, sich für gemäßigt extreme Positionen, wie die von Dr. Kervorkian, auszusprechen, oder sogar für so extreme Formen der Euthanasie wie eine Kugel, eine Plastiktüte oder ein aufs Gesicht gepreßtes Kissen. Oder sie akzeptieren vielleicht die Prämisse der Euthanasie und stellen nur die Mittel zu ihrer Erreichung in Frage: „Haltet die Euthanasie schön ordentlich in den Krankenhausstationen, wo sie hingehört."

Und nach und nach, keiner weiß mehr genau wie es kam, wird das Undenkbare tolerabel. Und dann akzeptabel. Und dann legal. Und dann spendet man Beifall.

Zum jetzigen Zeitpunkt der Diskussion regiert noch die Verwirrung. Und in gewisser Weise bin ich froh darüber. Die Schlacht ist noch im Gange, die Fragen und Antworten werden noch sortiert, und wir sind noch nicht an dem Punkt, wo Menschen wie Arlene und Ken von der Gesellschaft eine Blankovollmacht für ihr Handeln zugesprochen bekommen; ebensowenig wie andere, die gesetzliche oder illegale Unterstützung für ihren eigenen „Gnadentod" suchen. In diesem Stadium hat noch kein Bundesstaat Amerikas und kein Land der Erde ein Gesetz verabschiedet, das die freiwillige oder nicht-freiwillige Euthanasie legalisieren würde. Keine Religion unterstützt sie und jeder ärztliche Berufseid verurteilt sie. Über Jahrhunderte hinweg haben zivilisierte Länder durch Gesetze und Religion das Leben geschützt, besonders das Leben der Schwächsten und Verletzlichsten. Und was für eine Ironie, daß Euthanasie gerade zu jetzt populär wird, wo die Reichtümer unendlich größer sind als in jenen Tagen, als der „Gnadentod" noch unbekannt war.

Aber heute erleben wir massiven Druck auf das Denken und leidenschaftliche Forderungen nach den eigenen Rechten. Es wird nach entsprechender Gesetzgebung gedrängt. Eilig wird gefordert, die schnell fortschreitende medizinische Technologie unter Kontrolle zu bekommen. Es soll schnell eine ethische Struktur zusammengeschustert werden, in der eine moralische Haltung der Euthanasie untergebracht werden kann.

Jeder baut sich seinen eigenen Standpunkt und auch die Gesellschaft bildet sich zügig und kollektiv ihre Meinung.

Also, wie ist Ihre Meinung?

TEIL 2
Zeit zu entscheiden

4 Es geht in Ihrer Entscheidung um andere

Vergessen Sie für einen Moment alles, was Sie in Broschüren über das Recht zu sterben oder das Recht auf Leben jemals gelesen haben. Schieben Sie die Gerichtsentscheidungen zur Seite. Verbannen Sie aus Ihren Gedanken alle dramatischen Geschichten, die Sie in den Zeitungen gelesen haben.

Und nun, da niemand Ihre Gedanken liest, darf ich Sie fragen: Wissen Sie, wann sterben gerechtfertigt ist? Für Sie? Für Ihre Familie? Bitte, mir ist klar, daß dies möglicherweise für Sie keine theoretische Frage ist. Unter Umständen sind Sie jemand, der auch so eine dramatische Geschichte aus dem wahren Leben schreiben könnte. Und vielleicht haben Sie schon entschieden, wie und wann Sie sterben möchten. Wie immer Ihre Antwort auch aussehen mag, ich möchte, daß Sie wissen, daß Ihre Entscheidung niemals ohne Bedeutung ist.

Sie hat mehr Bedeutung, als Sie erkennen.

Lassen Sie es mich erklären. Als ich in einer Kommission mitgearbeitet habe, die grundlegende bürgerrechtliche Gesetzesinitiativen entwickelt hat, bat mich mein Mann Ken, Lehrer an einer staatlichen High School, seinen Klassen einen Vortrag über die Legalisierung der Euthanasie zu halten. Kalifornien ist das Testgelände für eine Reihe von Initiativen zur Durchsetzung des legalisierten Sterberechts. Und Ken wollte, daß ich seinen Schülern etwas über die Folgen einer Gesetzgebung sage, die dieses Recht festschreibt. Das Klassenzimmer war voll von Schülern, die sogar an der Rückwand des Raumes und an den Wandtafeln an der Seite lehnten.

Ich war überrascht, wie interessiert sie waren, als ich von meiner Verzweiflung erzählte, wie ich sie erlebt hatte. Daß ich erleichtert war, daß es kein gesetzliches Sterberecht gegeben hatte, als ich im Krankenhaus an die Apparaturen angeschlossen war.

Dann betonte ich, wie wichtig es ist, daß jeder Schüler sich informiert und die Antwort der Gesellschaft auf diese Frage mitgestaltet. Darauf fügte ich hinzu: „Welche Rolle, denkt ihr, sollte die Gesellschaft spielen, wenn es darum geht, daß Menschen entscheiden müssen, wann einer sterben darf?"

Einige Hände gingen hoch. Ich konnte an den Antworten ablesen, daß sie der Meinung waren, die Gesellschaft solle den Leidenden und Sterbenden helfen; wobei einige an der Erhaltung des Lebens festhielten, egal wie beschwerlich die Behandlung auch sein mag, und einige helfen wollten, indem der Sterbeprozeß beschleunigt wird.

Ein Schüler erzählte, daß seine Mutter von der Last, für seine geistig behinderte Schwester zu sorgen, zunehmend entmutigt werde. Er vertrat die Ansicht, so seine eigenen Worte, die Gesellschaft müsse „irgend etwas tun".

„Was zum Beispiel?" forderte ich ihn freundlich heraus.

„Zum Beispiel ... Ich weiß nicht recht, aber die Gesellschaft sollte sich mehr um das Leben von Leuten wie meiner Mutter kümmern."

Ich warf Ken einen Blick zu. Er nickte und gab mir so sein Ja, offen mit dem jungen Mann zu reden. „Darf ich dich fragen, was du getan hast, um dich mehr um sie zu kümmern?"

Der Schüler lächelte und zuckte mit den Achseln.

„Wie hast du ihr geholfen, ihre Mühe zu erleichtern? Hast du deine Schwester in letzter Zeit mal auf einen Ausflug mitgenommen? Vielleicht an den Strand?" neckte ich ihn. „Hast du deiner Mutter angeboten, einige Einkäufe für sie zu erledigen? Vielleicht wäre deine Mutter nicht so entmutigt und würde sich nicht so gestreßt und belastet fühlen, wenn du ein bißchen mehr die Ärmel hochkrempeln würdest, um ihr zu helfen."

Einige seiner Freunde an den Wandtafeln lachten und warfen mit Papierschnipseln nach ihm. „Okay, okay, ich versteh, was Sie meinen", gluckste er.

Ich lächelte. „Worauf ich hinaus will, ist folgendes: Die Gesellschaft besteht nicht aus einer paar Leuten irgendwo da draußen, die an großen Tischen sitzen und sich politische Trends und gesellschaftliche Veränderungen ausdenken. Du bist die Gesellschaft. Es geht um dein Handeln, deine Entscheidungen. Was du tust oder nicht tust, zieht Kreise und wirkt sich auf jeden in deiner Umgebung aus. Und selbst auf einer kleineren Ebene kann dein Engagement einen enormen Unterschied bedeuten, z.B. wenn es darum geht, was deine Familie mit deiner Schwester tun wird."

Es wurde still im Klassenzimmer, und ich wußte, daß die Botschaft angekommen war. Ich hielt inne und streifte jedes Gesicht mit meinem Blick, dann schloß ich: „Ihr, meine Freunde, seid die Gesellschaft."

Es geht um Ihre Meinung

Und genauso viel Bedeutung besitzt Ihre Ansicht. Sie mögen derjenige sein, der sich mit Vehemenz dafür einsetzt, daß die Geräte abgeschaltet werden, oder derjenige, der darum kämpft, daß ein Herz bis zum bitteren Ende am Schlagen gehalten wird. Wie auch immer, Sie müssen – mit den Worten John Donnes – folgendes wissen: „Kein Mensch ist eine Insel, in sich abgeschlossen; jeder Mensch ist ein Stück des Kontinents, ein Teil des Ganzen ... der Tod eines jeglichen Menschen raubt etwas von meiner eigenen Größe, denn ich bin verwoben mit der Menschheit; und darum, sende nie Boten aus zu erfahren, wem die Totenglocke schlug; sie schlägt dir."[12]

Wir geben uns so privat. Wir wären am liebsten in der Lage, die Entscheidung über Leben oder Sterben in einen Vakuum zu fällen oder doch um Armes Länge von anderen entfernt. Aber wir können es nicht. Ihre Meinung und die Handlungen, die daraus folgen – sagen wir mal als jemand, der mit einer tödlichen Krankheit im Bett liegt – , gehen nicht nur Sie und Ihre Familie an, sie haben Bedeutung für ein großes Netzwerk von Freunden und Gefährten. Oder anders gesagt, für die Gesellschaft. Gesellschaftliche Veränderungen werden von Ihrer Entscheidung geleitet, entweder den Stecker zu ziehen oder am Leben festzuhalten.

Erlauben Sie mir, persönlich zu werden? Wenn Sie können, dann lassen Sie für einen Augenblick die Umstände Ihres wirklichen Lebens beiseite. Lassen Sie uns annehmen, Sie lägen wirklich todkrank im Bett, und die Ärzte sagen, Sie hätten noch sechs Monate zu leben. Ihre Schmerzen lassen sich wirksam in Schach halten. Und Sie haben *tatsächlich* die Wahl, eine medizinische Behandlung fortführen oder abbrechen zu lassen. Das Gesetz erlaubt es Ihnen, diese Behandlung abzulehnen, und Ihre Familie meint, es sei Ihre Entscheidung. Ich weiß, es ist schwer, sich eine so konstruierte Situation vorzustellen, ohne den wirklichen Schmerz und alle tatsächlichen Qualen, weil das eine entscheidende Rolle spielen würde. Aber einmal angenommen, es wäre so: Was würden Sie tun? Was würden Sie sagen?

Sind Sie jemand, der sagen würde: „Das geht Sie nichts an. Ich bestimme, wann und wie ich sterbe, und überhaupt, ich interessiere mich nicht für ein Gedicht von John Donne, und ich fühle mich auch nicht für die Gesellschaft verantwortlich. Ich bin nur mir selbst und denen gegenüber Rechenschaft schuldig, die ich liebe."

Ich verstehe, was Sie meinen. Aber wenn Menschen behaupten, ihr Tod sei ihre eigene Sache und die derer, „die sie lieben", dann sehen sie nicht die Bedeutung, die ihre Entscheidung auf den weiteren Kreis des Lebens um sie herum hat. Eine Entscheidung, Leben zu verkürzen, selbst wenn es sich nur um ein paar Monate handelt, hört nicht bei denen auf, „die ich liebe", sie betrifft ein ganzes Netzwerk von Beziehungen: Freunde, frühere Kollegen, Lehrer, entfernte Angehörige, beiläufige Bekanntschaften und sogar die Krankenschwestern und Ärzte, die gelegentlich am Krankenbett vorbeischauen.

Was genau kann Ihre Entscheidung bewirken? Ihre mutige Entscheidung, Leiden auszuhalten, zwingt andere um Sie herum, aufzuhorchen und davon Notiz zu nehmen. Das nennt man Charakterschulung einer helfenden Gesellschaft. Wenn Menschen Beharrlichkeit, Ausdauer und Mut beobachten, so wird ihr Charakter gefestigt. Umgekehrt kann Ihre Entscheidung, sich aus dem Leben zu verabschieden, die moralische Entschlossenheit derselben Gesellschaft schwächen.

Jahre nach meinem Krankenhausaufenthalt bekommt meine Mutter immer noch Briefe von Krankenschwestern, Angestellten der Kantine und von einer Familie, deren hirngeschädigte Tochter, angeschlossen an Apparate, zwei Betten von mir entfernt auf der Intensivstation lag. Meine Eltern fällten mutige Entscheidungen, dem Leiden ins Auge zu sehen. Und die Entscheidungen, die sie bezüglich meiner Pflege fällten, hatten eine nachhaltige Wirkung auf diese Leute. Und wer weiß, wie sie sich eines Tages entscheiden werden, wenn sie vor einer Entscheidung über Leben oder Tod stehen.

Wenn Sie glauben, Ihre Entscheidung sei privat und unabhängig, dann ist Ihr Entschluß, den Sterbeprozeß zu beschleunigen, nur eine delikatere Version von Mikado. Sie heben vorsichtig ein Stäbchen und hoffen, daß Sie das komplizierte Gebilde nicht durcheinanderbringen. Aber gerade wenn Sie meinen, es sei Ihnen gelungen, endet Ihr unabhängiges Handeln damit, daß das empfindliche Gleichgewicht ins Wanken gerät. Und wie es an einer Stelle der Bibel heißt: „Denn unser keiner lebt sich selber, und keiner stirbt sich selber." (Röm 14,7)

Jeder hat seine Rechte ... mehr oder weniger

„Aber ich habe das Recht zu entscheiden, was für mich am besten ist. Ich habe des Recht, meine Unabhängigkeit auszuüben. Das ist die Grundlage all dessen, was dieses Land ausmacht. Selbst die Gerichte erkennen mein Selbstbestimmungsrecht als Patient an."

Stimmt, der Richter würde seinen Hammer sicher zu Ihren Gunsten niedergehen lassen, da es sich bei Ihnen um eine geistig zurechnungsfähige Person handelt. Wie Sie sagen, Sie haben Ihre Rechte und am Ende lassen Sie – im wahrsten Sinne des Wortes – Ihr Leben für diese Rechte.

Aber wie bei allen Freiheiten, handelt es sich auch bei Ihrer Entscheidungsfreiheit nicht um etwas Absolutes, ohne Wenn und Aber. Ihre Überzeugung, sterben zu wollen, hat einen Haken, wenn sie die Rechte anderer berührt. Das ist der Grund, warum mehr als die Hälfte der amerikanischen Bundesstaaten Gesetze verabschiedet haben, die es verbieten, einem anderen beim Selbstmord zu helfen. Denken Sie darüber nach: Wenn jeder sein Leben beenden würde, um so seine Probleme zu lösen, würde sich letztlich das Grundgerüst unserer Gesellschaft auflösen und damit auch all die anderen individuellen Rechte, die Sie genießen.

Ja, Sie besitzen ein exklusives Recht auf Ihre Privatsphäre, solange dies nicht die Rechte anderer überschattet. In diesem Sinne könnte die legalisierte Euthanasie die Rechte vieler Ärzte verletzen. Sie wollen vielleicht das Sterberecht wahrnehmen. Darum können Sie keinen Arzt bitten, der sich zum Heilen verpflichtet hat. Kein Mensch kann einen Arzt nötigen, ein Orphenadrin zu spritzen, wenn dies gegen den ärztlichen Eid verstößt.

Aber Moment mal, das klingt ein bißchen so, als würden wir hier die Sammelbildchen von Baseballstars tauschen.

So ungefähr: „Meine Rechte sind wertvoller als deine!"

„Ach ja, also mein eines Recht ist mindestens so wertvoll wie drei von deinen zusammen!"

Unsere Rechte sind keine Gegenstände, die wir untereinander tauschen, über die wir feilschen, oder die wir wie Besitzansprüche übertragen könnten. Ihrem Wesen nach sind Rechte keine Handelsware, sondern moralische Forderungen, die durch das Gesetz anerkannt sein müssen.[13] Und moralische Forderungen müssen zur Verantwortung führen, Grenzen der Freiheit zeigen und ethische Maßstäbe, die das Wohl der gesamten Gemeinschaft widerspiegeln, in Betracht ziehen.

Wenn wir lauthals verkünden, unsere individuellen Rechte seien unantastbar, dann verstärken wir möglicherweise eine nur allzu menschliche Schwäche, nämlich die, uns selbst als Mitte des moralischen Universums zu betrachten. Wir bezeichnen unsere Wünsche als „Rechte", als ob wir diesen willentlichen Entscheidungen eine beeindruckende Würde verleihen müßten. Im Extrem kann die radikale Forderung individueller Rechte, eine ganze Kette von Protesten über die Unzulänglichkeiten der Gesellschaft zur Folge haben, und wir werden nie zufrieden sein.

Wie ich bereits in Kens Schulklasse gesagt habe: „Du, mein Freund, bist die Gesellschaft." Also, willkommen im Club der Gemeinschaft, und selbst wenn Sie versuchen, alle anderen Formen der Auseinandersetzung mit Ihrer Forderung nach individuellen Rechten zu überschreien, hat die Gemeinschaft um Sie herum vielleicht auch noch ein Wörtchen mitzureden; und vielleicht spricht sie noch etwas lauter. Schließlich kann sich eine Gemeinschaft nur fortentwickeln, wenn ihre Glieder höhere moralische Entscheidungen treffen; und die Gemeinschaft wird geopfert, wenn ihre Glieder nur sich selbst im Blick haben.

Gottes Gebote zielen auf eine bessere Gesellschaft

Können Sie mir noch folgen? Erinnern wir uns noch einmal an unsere konstruierte Situation: Sie liegen immer noch mit dieser tödlichen Krankheit im Bett und müssen Ihre Entscheidung treffen. Ja, ich weiß, es ist schwer, an solche Dinge wie „moralische Forderungen" und „das Wohl der Gesellschaft" zu denken, wenn man an der Pforte des Todes steht. Aber einen Moment noch. Halten Sie sich am Geländer des Krankenhausbettes fest, und dann wollen wir die Szene noch etwas ausweiten.

Stellen Sie sich vor, wie Sie die Zeit totschlagen und gelegentlich zu dem Fernsehgerät herüberblicken, das am Fuß Ihres Bettes an der Decke befestigt ist. Die Abendnachrichten laufen und der Sprecher beginnt gerade mit der Topmeldung.

„Innerhalb von wenigen Tagen", kündigt er an, „werden die Wähler Gelegenheit haben, über eine staatliche Gesetzesinitiative abzustimmen, die es unheilbar kranken Patienten erlauben würde, von ihren Ärzten eine tödliche Injektion zu verlangen."

Der Nachrichtensprecher redet weiter, aber Ihre Gedanken sind schon davongejagt. *Das ist die Antwort, denken Sie, die Antwort für Tausende unheilbar kranker Menschen, die das Gerede von John Donne und das viele mitfühlende Gesabber über das „Wohl der Gesellschaft" niemals abkaufen konnten.* Legalisiert das Sterberecht, und alles ist in Butter: Keine Familien mehr, die aufgrund horrender Krankenhausrechnungen bankrott gehen, ganz zu schweigen von den Kosten für die Krankenversicherung. Und keine Eltern mehr, die sich die Nägel abkauen über der Frage, was sie mit ihrer Tochter machen sollen, die in einem langen, auszehrenden Koma liegt. Legalisiert einfach das Sterberecht, und wenn die Gesetzgeber nicht den Mut dazu haben, macht eine Volksabstimmung und laßt die öffentliche Stimmung das Gesetz durchbringen.

Dehnen wir die Szene noch etwas aus. Sie heben den Hörer des Telefons neben Ihrem Bett ab, rufen einen Angehörigen an und sagen ihm, er solle Ihren Wahlschein aus der Post auf dem Küchentisch heraussuchen – bevor Sie durch die Pforten des Todes treten, wollen Sie eine Grabinschrift hinterlassen und bei dieser Sache mit „Ja" stimmen!

Das klingt gut und – wie bei dem Schüler aus der Klasse meines Mannes – ich bewundere Ihren Wunsch, sich zu engagieren. Aber einen Augenblick noch. Nehmen wir an, die Mehrzahl der Wähler teilt Ihr Gefühl. Sie strömen zu den Wahlurnen und lassen diese Gesetzesinitiative zum Gesetz werden.

Was nun?

Stellen Sie sich nun vor, die „Schöne Neue Welt" wird geschaffen. Stellen Sie sich tatsächlich einmal die Schlagzeilen vor, wenn in diesem Land die Euthanasie legalisiert *wäre:*

Ärzte morden, statt zu heilen. 2400 Jahre lang hatten Todkranke, Sterbende und ausgezehrte Menschen die Zusicherung, daß die Ärzte unter einem Eid arbeiten, sie zu heilen und nicht zu töten. Unter der legalisierten Euthanasie ist der Eid des Hippokrates auf den Kopf gestellt, und das Vertrauen der Patienten in die Ärzte ist zerstört. Tatsächlich beginnt eine Randgruppe unter den Medizinern bereits eilig zu handeln: Das Leben ,,schwieriger" Patienten wird beendet, statt Zeit und Mühe zu investieren und sich wirklich barmherzig um sie zu kümmern.

Medizinische Standardversorgung ernsthaft gefährdet. Ältere und schwerstbehinderte Patienten werden nur noch zweitrangig behandelt. Die legalisierte Euthanasie führt zu schlechterer, nicht besserer Pflege von Sterbenden, während die Medizin sich immer mehr mit der Behandlung und Rehabilitation befaßt und weniger mit der Pflegeversorgung. Es ist eine Frage der Finanzen: Euthanasie ist extrem preiswert, verglichen mit den Kosten einer humanen Dauer- bzw. Sterbepflege.

Die legalisierte Euthanasie begründet das fundamentale Sterberecht. Die Verfassung der Vereinigten Staaten legt fest, daß kein Grundrecht auf eine bestimmte Gruppe, wie z.B. unheilbar Kranke, begrenzt werden kann. Nun ist der Weg frei für Prozesse, in denen gefordert wird, der Selbstmord auf Anfrage müsse jedermann offenstehen: klinisch depressiven Menschen, Kindern mit zystischer Fibrose, Pflegefällen, Aidskranken und allen, mit einer zu hohen Arztrechnung. Weil jeder nun ,,den gleichen rechtlichen Schutz, getötet zu werden" genießt, wird keinem die Sterbehilfe verweigert, besonders denen nicht, die dies nicht selbst für sich fordern können, wie z.B. Komapatienten oder Patienten in einem anhaltenden vegetativen Zustand.[14]

Die legalisierte Euthanasie erweitert die Anwendung des Sterberechtes. Schutzlose Menschen, wie z.B. Arme, Senile oder Unversicherte werden zur Euthanasie gedrängt, um die wirtschaftliche Belastung zu reduzieren, die solche Personen für die Gesellschaft darstellen. Patienten mit Fehldiagnosen fallen durch die Maschen des neuen Gesetzes. Viele Familien müssen feststellen, daß geliebte Menschen ohne ihr Wissen getötet wurden.

Das Wesen der helfenden Gesellschaft geht verloren. Die Euthanasie wird nun als Allheilmittel für sämtliche gesellschaftlichen Probleme gesehen, wie z.B. der wachsenden Kosten im öffentlichen Gesundheitswesen und der begrenzten Anzahl von Pflegeplätzen für ältere und geschwächte Menschen. Es ist leichter zu töten als zu heilen, oder auch zu pflegen. Die Gesellschaft mißt dem Leiden keinen positiven Wert mehr bei und bewegt sich zunehmend auf eine Kultur der Bequemlichkeit hin. Die Benachteiligung älterer und behinderter Menschen grassiert immer mehr – Begriffe wie ,,nutzloses Opfer" und ,,Unglückliche, die es zu bemitleiden gilt" enthüllen wachsenden Zynismus und Fanatismus. Bevor die Euthanasie legalisiert wurde, hatten Sterbehilfeorganisationen und Behindertenverbände Schwierigkeiten, Geldmittel und Freiwilligenhilfe zu erhalten. Nun, unter der neuen Gesetzgebung, haben diese Organisationen mehr Probleme als je zuvor.

Legalisierung der Euthanasie:
Ein gutes Gesetz für eine bessere Gesellschaft?

Klingt dieses Szenario der „Schönen Neuen Welt" weit hergeholt?

Glauben Sie mir, es ist näher als Sie denken. Schon jetzt gibt es in Europa ein Land, wo damit begonnen wird. Obwohl in Holland die Euthanasie nicht legalisiert ist, verschließen die Gerichte ihre Augen, während Tausende unheilbar kranker Patienten von Ärzten den „Gnadentod" erhalten. Einige Berichte lassen darauf schließen, daß die Hälfte aller Ärzte in Holland, die „Sterbehilfe" anbieten, Patienten, die bei Bewußtsein waren, getötet haben, ohne sich um deren Zustimmung zu kümmern.[15]

Vielleicht meinen Sie, so etwas könne bei uns nicht passieren: „Wir würden so etwas in unserem Land nie zulassen. Die Gesetze sind dafür da, die Menschen zu schützen, und die legalisierte Euthanasie würde nur die betreffen, die sterben wollen."

Nicht unbedingt. Die erhitzte emotionale Debatte um die Euthanasie unterstreicht nur, wieviel Dynamik in diesem Thema steckt. Und gesellschaftliche Themen mit so viel Sprengstoff stehen nie fest, sie verändern sich ständig. Und es werden ohne Ende Gesetze revidiert, um den Veränderungen gerecht zu werden. Befürworter werden sagen: „Nun, die Gesetzgebung zum Sterberecht wurde verfaßt, um auf die Nöte Todkranker zu *antworten*, aber nun müssen die gleichen Rechte für Komapatienten *erweitert* werden. Und wie wäre es mit einer *Anpassung*, um die geistig Schwerstbehinderten einzuschließen? Und Aids ist eine weltweite Epidemie, also laßt uns dafür kämpfen, daß das Gesetz so *verändert* wird, daß jeder HIV-Positive eingeschlossen ist."

Ich bin kein Panikmacher. Selbst Quadriplegiker, wie ich, sind in Gefahr! „Wie können diejenigen unter uns helfen, die mit dem gerechtfertigten Selbstmord eines behinderten Menschen sympathisieren?" fragte Derek Humphry von der Hemlock Society. Seine Antwort macht mir Angst. „Wenn wir Statuten in den Gesetzbüchern haben, die einem zugelassenen Arzt Sterbehilfe bei unheilbar Kranken erlaubt, dann, glaube ich, wird sich – verbunden mit dieser Reform – auch eine tolerantere Haltung bei anderen außergewöhnlichen Fällen durchsetzen."[16]

Nein, ich bin kein Endzeitprophet, wenn ich sage, daß die Legalisierung des Sterberechts sein wird, als würde man mit der Brechstange an die Büchse der Pandora gehen. Wer das Eisen mit einem einzelnen Gesetz unter den Deckelrand zwängt, öffnet die ganze Büchse, und setzt damit die gesamte Bevölkerung dem „gleichen Schutz, getötet zu werden" aus. Wenn die Euthanasie erst einmal legalisiert ist, ist der blanke Terror das logische Endergebnis. Warum sollte man sie daher überhaupt unterstützen?

Es muß einen besseren Weg geben. Es muß eine genauere Antwort geben. Nein, ich habe Ihre Situation nicht vergessen, in der Sie mit einer unheilbaren Krankheit ans Bett gefesselt sind und womöglich in sechs Monaten einem schweren und unangenehmen Tod ins Auge sehen müssen. Und ja, mir ist bewußt, daß wir harte, beunruhigende Fragen über Schläuche, Apparate und lebenserhaltende Systeme erst noch beantworten müssen. Aber ich werde Sie nicht verlassen, wenn die Besuchszeiten im Krankenhaus um sind. Ich habe noch mehr zu sagen. Das verspreche ich.

Schließlich ist „kein Mensch eine Insel, in sich abgeschlossen; jeder Mensch ist ein Stück des Kontinents, ein Teil des Ganzen ... der Tod eines jeglichen Menschen raubt etwas von meiner eigenen Größe, denn ich bin verwoben mit der Menschheit":

Liebe Joni,
Mein Name ist Carol Walters. Ich wurde mit einer zerebralen Kinderlähmung geboren – Ich hinke und kann meine Hände benutzen, habe aber nur wenig Kontrolle darüber.
Ich dachte darüber nach, daß ein behinderter Mensch sich genauso wenig das Leben nehmen sollte wie jeder andere. Ich meine, wir sind hier, um unser Leben zu leben und an dem Platz, wo wir leben, unseren Beitrag zu leisten. Jeder Mensch hat etwas zu bieten.
Ich habe einen Teilzeitjob im Rathaus meiner Heimatstadt. In der Arbeit nennen mich alle Smiley. Ich reinige das Gemeinschaftsgebäude und kehre die Gehwege. Ich fühle, daß Gott mir mit Absicht diesen Job gegeben hat. Ich glaube, seine Absicht ist, daß Menschen erkennen können, daß ich, so wie ich bin, ein ausgefülltes und glückliches Leben haben kann.
Es gibt Momente, wo ich mich selbst bemitleide, und es gibt Zeiten, da wünschte ich, Gott würde mich normal machen. Ich rede mit meiner Mutti, und sie hilft mir zu erkennen, daß ich in Vielem gesegnet bin.
Herzliche Grüße
Carol Walters

5 Es geht in Ihrer Entscheidung um Sie selbst

Wir kommen nun zu dem Abschnitt, wo ich wünschte es stünde kein Papier zwischen uns. Ich gäbe alles darum, wenn ich jetzt, vorbei an den piepsenden Maschinen und tropfenden Schläuchen, an Ihre Bettkante rollen und von Angesicht zu Angesicht mit Ihnen reden könnte. Oder wenn ich bei Ihnen am Küchentisch sitzen könnte, um von Ihrem Schmerz über Ihre altersschwache Mutter im Pflegeheim zu hören. Oder wenn ich nur einfach dasitzen könnte und zuhören, während Sie den schwarzen Vorhang der Depression gerade lange genug öffnen, um zu sprechen.

Wenn wir zusammen wären, würde ich gerne darüber sprechen, wie man Leid begegnet: was außer Kontrolle gerät, was Sie um Ihren klaren Verstand zu bringen droht und Ihren Körper in

Stücke reißt – Leid, gegen das nützliche Informationen machtlos sind.

Wenn wir zusammen wären, würde ich gerne Ihre Verteidigungswälle abtragen und eingestehen, daß wir beide eigentlich dem ganzen Prozeß des Schmerzes lieber ausweichen möchten. Wie wir am liebsten dem Elend aus dem Weg gehen und das Leiden verkürzen würden. Man sagt, das Leben sei nicht etwas, das man wegwirft, wenn es nicht mehr richtig funktioniert oder keinen Wert mehr zu haben scheint. Aber es ist ein fortwährendes Ringen, daran festzuhalten. Wie viel leichter wäre es, all das zu umgehen.

Den Leidensprozeß umgehen

Kein klar denkender Mensch wählt Leiden freiwillig. Aber wir können unsere Haltung im Leiden frei wählen.

Dies wurde mir klar, als ich vor vielen Jahren im College *Man's Search for Meaning* (Der Mensch auf der Suche nach Sinn) las, eine klassische Studie darüber, wie Menschen ihre geistige Freiheit und ihre tapferen Antworten angesichts der schrecklichsten Leiden bewahren. Der Autor, Viktor Frankl, ein Psychiater, der im Zweiten Weltkrieg in ein Konzentrationslager kam. Dort erlebte er, daß man ihn bis zur nackte Existenz entblößte; unterkühlt, hungernd, geschlagen, erwartete er jeden Tag seine Vernichtung. Er verlor seine Freunde und Familie in den Gaskammern. Er verlor alles, was er an Werten besaß. Wie konnte er meinen, sein Leben sei lohnenswert?

Das Buch traf mich schon als Studentin, obwohl das Leben auf dem Campus von den Schrecken eines Ortes wie Auschwitz weit entfernt war. Aber Viktor Frankls Werk bedeutete mir viel mehr während der dunkelsten, einsamsten Stunden meines zweijährigen Krankenhausaufenthaltes. Als ich dort mit dem Gesicht nach unten in einen othopädischen Rahmen gespannt dalag, blätterte ich jede Seite von *Man's Search for Meaning* mit einem Mundstück um, das ich zwischen meine Zähne preßte. Meine Tränen tropften und platschten auf die Seiten, auf denen dieser Überlebende des KZ erzählte:

„Wer von denen, die das Konzentrationslager erlebt haben, wüßten nicht von jenen Menschengestalten zu erzählen, die da über die Appellplätze oder durch die Baracken des Lagers gewandelt sind, hier ein gutes Wort, dort den letzten Bissen Brot spendeten? Und mögen es auch nur wenige gewesen sein – sie sind der Beweis, daß man dem Menschen alles nehmen kann, nur eines nicht: die

letzte menschliche Freiheit – die eigene Haltung selbst zu wählen, und das unter jedem gegebenen Umstand.
Und es war ständig zu wählen! Jeder Tag und jede Stunde im Lager ergab tausendfältige Gelegenheiten, diese innere Entscheidung zu vollziehen. Eine Entscheidung für oder gegen jene Mächte, die dir dein Selbst zu rauben drohen, deine innere Freiheit. Die dich zu verführen suchen, zum bloßen Spielball und Objekt der äußeren Bedingungen zu werden."

Zwischen diesem Mann und meinem Berater in der Rehabilitation lagen Welten. Er hatte all das wirklich erlebt, und daher forderten seine Worte meine Aufmerksamkeit. Ich erinnere mich, wie ich beim Umblättern innehielt, um meinem Mund etwas Entspannung zu verschaffen, und wieder und wieder vor mich hin murmelte: „Ich bin *keine* Geisel meiner Behinderung. ... Ich bin *keine* Geisel meiner Behinderung." Das war weniger eine geistliche Übung als vielmehr eine geistige Anstrengung, ein erster Versuch, mich von den Umständen loszureißen, die mich fest im Griff hatten. Ich las damals weiter:

„Solche Bedingungen wie Schlafentzug, Unterernährung, verschiedene seelische Qualen scheinen ganz bestimmte Reaktionen der Insassen festzulegen. Die abschließende Untersuchung hat aber klar gezeigt, daß es möglich wurde zum Gefangenen zu werden, war nicht nur Resultat der äußeren Einflüsse, sondern auch das Ergebnis einer *inneren Entscheidung.* ... Wenn wir nicht mehr in der Lage sind, eine Situation zu ändern – denken Sie nur an eine unheilbare Krankheit, wie zum Beispiel einen nicht operierbaren Krebs –, sind wir herausgefordert, uns selbst zu ändern."[17]

Ich war herausgefordert, mich selbst zu verändern. Aber wie? Es war mir etwas peinlich, daß mich meine innere Entscheidung kaum dazu bewegen konnte, im Rollstuhl zu lächeln, ganz zu schweigen davon, mit Mut Dingen wie Hunger, Schlägen und Gaskammern entgegenzusehen.

Nachdem ich Viktor Frankls Buch zu Ende gelesen hatte, erkannte ich, daß es die Antwort auf eine grundlegende Frage gab, eine Frage, die der Psychiater übrigens, nachdem er frei war und seine Praxis wieder geöffnet hatte, oft seinen bedrückten Patienten stellte: „Warum begehen Sie keinen Selbstmord?"

Mit anderen Worten: „Warum gehen Sie dem Leiden nicht aus dem Weg?"

Es war das Ziel des Psychiaters, aus den wenigen dünnen Fäden eines zerbrochenen Lebens, die sich in den Antworten der Patienten zeigten, ein sinnvolles Gewebe zu flechten. Er beharrte darauf, daß jeder Mensch im Leiden einen wertvollen Sinn entdecken könne.

Ich sann über den Sinn meines Leidens nach, während ich mit dem Gesicht nach oben, statt nach unten, in diesem orthopädischen Rahmen lag – es ist leichter hoffnungsvolle Gedanken zu haben, wenn man statt des Bodens die frische Luft vor Augen hat! Während ich die Kacheln an der Decke zählte, zählte ich auch die wenigen, dünnen, hell strahlenden Fäden meines gebrochenen Lebens.

Ich lebe.

Ich kann wenigstens noch meinen Nacken spüren und die Oberseiten meiner Schultern.

Ich kann durch mein Krankenhausfenster den Mond sehen.

Ich lerne, daß Geduld und Stehvermögen in einem Stryker-Rahmen mehr bedeuten, als 25 Runden um ein Hockeyfeld zu laufen.

Meine Freunde kommen noch, um mich zu besuchen, und die Doughnuts, die sie mitbringen, schmecken gut. Es ist schön, wenn mir die Schwester in ihrer Mittagspause Gedichte von Robert Frost vorliest. Ich höre mir gern die Beatles an.

Und – es ist als würde ich mich an der dünnen Schnur eines Drachens festhalten – ich habe Hoffnung, daß es vielleicht besser wird. Ich sehe es in den Augen und dem Lächeln meiner Familie, meiner Freunde und einiger Schwestern. Oh, und noch etwas Positives – vielleicht finden sie eine Methode, Rückenmarksverletzungen zu heilen!

So unscheinbar sie auch waren, diese dünnen Fädchen banden mich an das Leben, obwohl ich noch nicht einmal entschieden hatte, ob es sich lohnt. Die Fäden waren schwach, aber sie trugen mich durch den Tag und machten mich offen für Beziehungen. Der Sinn hinter alledem blieb jedoch noch unklar. Aber ich wußte zumindest soviel: Es hatte etwas mit Gott zu tun.

Jemand hat einmal gesagt, wenn du glaubst, der einzelne steht über allem, dann bist du nur dir selbst gegenüber verantwortlich, denn es gibt keinen Gott, der uns das Leben gibt oder uns im Tode erwartet. Aber wenn du glaubst, das Leben stammt von einem liebenden Schöpfer, dann muß ein Zurückweichen vor dem Leidensprozeß in einem größeren Zusammenhang gesehen werden.[18]

Es war eine Tatsache, daß ich durch meinen Hintergrund auf Gott hin orientiert war. Und meine Einschätzung von Leben und Tod wurde mehr und mehr zu einer bewußten und nicht automatischen Reaktion auf die Probleme, vor denen ich stand. Wochen vergingen. Meine Gedanken gewannen an Tiefe. Und je länger ich in diesem Leidensprozeß durchhielt, um so fester und deutlicher wurde der Sinn, wie ein Gewebe. Ich war überzeugt davon, daß Gott auf wundersame Weise hinter diesem Gewebe stand, und so sah ich mir die neuen Fäden genauer an:

Meine Freundschaften werden tiefer und ehrlicher.
Das Wichtige im Leben sind die Menschen.
Ich lerne, wie wertvoll ein Lächeln ist.
Gott ist wirklich. Ich kann ihn spüren, wenn ich nachts allein bin.
Es gibt andere, die viel verletzter sind als ich, und langsam bedeuten sie mir etwas, sie bedeuten mir wirklich etwas.

Was früher dünne Fädchen gewesen waren, wurde nun zu Kordeln. Und das Sinngewebe hinter meinem Leiden begann Gestalt zu gewinnen. Ich fand heraus, daß das Leben es wert war, gelebt zu werden.

Das Wort mit „G"

Ich weiß, ich habe ein für manche Menschen empfindliches Thema aufgebracht. Selbst Medizinethiker verbannen Gott aus ihren Diskussionen und Artikeln. Und diejenigen, die helfen, in den Krankenhäusern moralische und medizinische Maßstäbe zu setzen, neigen dazu, das Thema Gott in die Krankenhauskapelle zu verbannen. Aber seien wir ehrlich – das Gebet und Gott sind in einem Krankenhaus so verbreitet wie Bettpfannen und Medikamentenfläschchen.

Gehen wir also eine kurze Lektion über Rehabilitations-Arbeit durch. Die traditionelle Philosophie der Rehabilitation wird alle Register ziehen, um die körperlichen, psychologischen, emotionalen und beruflichen Bedürfnisse anzusprechen, während geistliche Bedürfnisse im besten Fall ignoriert werden. Doch eine wachsende Zahl von Fachleuten beginnt zu erkennen, daß die Rehabilitation des Geistes eines Menschen eine Schlüsselrolle spielt, die Auswirkungen auf all die anderen Bereiche hat. Ein gesunder und intakter Geist beeinflußt alles, von der Haltung und Motivation eines Patienten bis hin zu seinen alltäglichen Beziehungen. Warum? Weil die Frage, welche Beziehung ein Mensch zu Gott hat, einen grundlegenden Einfluß darauf ausübt, wie er über sich selbst, seine Ziele und seine Freunde und Angehörigen denkt. Es hat etwas damit zu tun, daß wir auf eine „höhere Autorität" und eine Quelle von „absolutem Wert" reagieren.

Ein behinderter Mensch, der mit Gott in Beziehung steht, zeigt normalerweise persönliche Freiheit, Verantwortung gegenüber der Gemeinschaft, macht echte Fortschritte und besitzt sinnvolle Beziehungen zu anderen. Und wie ist das, wenn ein Mensch Gott ignoriert und sich selbst in den Mittelpunkt seines moralischen Universums setzt? Nun, diejenigen, die Herr ihres eigenen Lebens bleiben und dabei Gott und andere ausschließen, werden sich unwillkürlich selbst verleugnen. Wie es in einer vatikanischen Erklärung heißt: „Der Mensch, der sich von der Quelle des Lebens, seinem Schöpfer, entfremdet hat, drückt seine Herrschaft über sein eigenes Leben dadurch aus, daß er es zerstört."

Natürlich würden Theologen an dieser Stelle einhaken und hätten noch weit mehr zu sagen, aber zunächst kann man mit Sicherheit behaupten, daß eine Beziehung zu Gott eine innere Gewißheit in das Leben eines Patienten bringen kann. Frieden mit dem Einen, der alles in seiner Hand hat ... Frieden mit den äußeren Umständen ... und Frieden mit sich selbst.

Ist es der Mühe wert, solche Fäden zu weben?

So viel zu mir. So viel zu Viktor Frankl.

Aber der Überlebende eines Todeslagers und eine Quadriplegikerin können ihre Erfahrungen anderen, die ihrem Leiden ausweichen wollen, nicht einfach überstülpen. Was würde Viktor Frankl jemandem wie Larry McAfee sagen, einem Bauingenieur, der 1985 durch einen Motorradunfall vom Hals an gelähmt wurde und durch ein Beatmungsgerät am Leben erhalten wird?

Und was könnte ich Larry McAfee sagen? Unfähig, sich außerhalb eines Pflegeheims zu bewegen, unfähig eigenständig zu atmen, hat Larry die Gerichte gebeten, ihm zu erlauben, daß die Stecker seines Beatmungsgerätes gezogen werden und er sterben darf. Die Eingabe vor Gericht stellte einfach nur fest, daß Larry „keine Kontrolle über seine eigene Person hat und keine Freude mehr am Leben empfindet."[19]

Ich verlor keine Zeit, Larry zu schreiben.

Lieber Larry,
Wie du habe ich erlebt, daß ich auf meine bloße Existenz reduziert wurde – die grundsätzlichen Dinge wie Atmen, Essen und Schlafen. Wie ich so dalag, hatte ich den Eindruck, daß meine Erfahrung die eines jeden Menschen widerspiegelt. (Nur daß der Rest der Menschheit sich nicht bewußt war, daß sie nur aßen und schliefen – sie waren zu beschäftigt damit, ihren Tag mit einer Menge Ablenkungen zu verbringen.) Nach vielem Nachdenken, wurde mir klar, daß es für jeden Menschen mehr im Leben geben *mußte* als die bloße Existenz. Und falls nicht, warum sollte dann nicht jeder „den Stecker ziehen", egal ob er behindert ist oder nicht!

Irgendwie hatte ich den Eindruck als würde mir Viktor Frankl von seiner Koje im KZ aus über die Schulter schauen. Auch er würde mir zustimmen, daß es im Leben mehr geben muß als die bloße Existenz, ein Leben nur so – geboren werden, altern und dann sterben. Aber ich wollte von diesem Rat des Psychiaters aus noch einen Schritt weiter gehen; ich wollte Larry erzählen, wie meine Beziehung zu Gott aussah.[20]

An diesem Punkt kam ich zu dem Schluß, daß es einen persönlichen Gott geben mußte, dem ich und jeder andere wichtig war, wenn das Leben überhaupt irgendeinen Sinn haben sollte. Es mußte einen Gott geben ... und falls nicht, dann sollte sich doch die ganze Menschheit eine Waffe an die Schläfe setzen, wenn sie Lust dazu hat. Doch menschliche Wesen sind zu einzigartig, zu bedeutsam, als daß wir einfach unserem Elend ein Ende setzen könnten, nur weil wir mit dem Leid nicht zurecht kommen. Nein, es muß einen Gott geben, dem wir etwas bedeuten. Es muß ihn geben.

Während ich schrieb, wünschte ich mir, es stünde kein Papier zwischen mir und Larry. Ich hätte alles darum gegeben, in sein Zimmer zu rollen und meinen Stuhl im richtigen Winkel neben sein Bett zu bringen, so daß er mich durch all die Schläuche und Apparate sehen könnte. Wenn wir beieinander säßen, würde ich ihm eingestehen, wie auch ich einst dem Leidensprozeß aus dem Weg gehen wollte.

Und ich würde Larry sagen, daß Gott genau weiß, wie wir beide uns fühlten. Gott sitzt nicht irgendwo am Rand des Universums in einem Elfenbeinturm. Auch er leidet. Selbst Jesus stand in der Versuchung nachzugeben. Er hat sogar versucht, wenn möglich, dem Leiden am Kreuz aus dem Weg zu gehen, als er betete: „Vater, willst du, so nimm diesen Kelch von mir." (Lk 22,42) Als sich im Garten von Gethsemane der Schatten seines Todes näherte, fühlte er sich alleingelassen und bedrückt, weil niemand da war, der ihn verstand. So wandte er sich an seinen Vater, den einzigen, mit dem er reden konnte: „Und er rang mit dem Tode und betete heftiger." (Lk 22,44)

Ich würde Larry auch sagen, daß Jesu Entschluß, sich dem Tod am Kreuz auszuliefern, den Leiden von jedem von uns unumstößlich einen tieferen Sinn gegeben hat, viel mehr Bedeutung, als wir uns überhaupt vorstellen können.

Als ich meinen Brief an Larry in den Briefkasten steckte, hoffte ich, er würde für sich selbst ein paar hell schimmernde Sinnfäden entdecken. Aber buchstäblich am nächsten Tag sah ich eine Schlagzeile in der Zeitung: „Richter ordnet an: Quadriplegiker kann sein Leben nach eigenem Ermessen beenden." Ich ließ die

Schultern hängen, als ich weiter laß: „Das Beatmungsgerät verlängert nicht sein Leben, sondern sein Sterben", sagte der Richter. Ein Gesuch enthielt die eidesstattliche Erklärung: „Ich weiß, daß das Abschalten des Beatmungsgerätes meinen Tod bewirken wird", gezeichnet mit einem zittrigen „X", daß McAfee mit einem Stift in seinem Mund gemacht hatte.[21]

Das machte mich als Aktivistin und Sprecherin so richtig wütend! Wenn eine arme Frau an diesen Richter herangetreten wäre, die irgendeiner Minderheitengruppe angehört und Rassismus, Sexismus und Armut nicht länger ertragen kann, und sie hätte Hilfe gesucht, um ihr Leben schmerzlos zu beenden, so wäre sie ohne Umschweife abgewiesen worden. Man hätte ihr wohl Unterstützung angeboten bei der Suche nach einer besseren Wohnung und einem Job. Aber wenn ein Behinderter wie Larry McAfee dieselbe Absicht hat, dann nehmen die Leute an, er würde rational handeln.

Zurück zu Larrys Geschichte. Das nächste, was geschah, war etwas verwirrend. Aus irgendeinem Grund beschloß er, die Verbindung zum Beatmungsgerät nicht unterbrechen zu lassen. Danach wurde Larry vom Pflegeheim in eine andere Einrichtung überwiesen. Seine Story tauchte nicht mehr in den Zeitungen auf, und es gelang mir nicht, seine neue Adresse herauszubekommen. Ich hatte keine Ahnung, wo Larry war und was er dachte, aber aus der Entfernung kämpfte ich weiter für ihn und hoffte, er werde die Sinnfäden für sein Leben finden.

Schließlich, nach mehreren Jahren, machte ich ihn ausfindig. Es reizte mich herauszufinden, warum er sich entschieden hatte zu leben, also rief ich ihn an. Wir plauderten eine Weile über Quadriplegie und Wundstellen vom Liegen, und dann wurde ich ernster: „Larry", fragte ich, „warum hast du dich entschieden, das mit der Hilfe zum Selbstmord nicht durchzuziehen? Aus welchem Grund wolltest du weiterleben?"

Es gelang ihm, zwischen dem Schnauben und Keuchen des Beatmungsgerätes zu sprechen. „Weil ich nicht mehr gezwungen bin, in einem Heim oder Krankenhaus zu leben. Ich wohne in einem kleinen Einfamilienhaus mit zwei anderen Rollstuhlfahrern. Es ist sehr viel angenehmer, mit weniger Druck und weniger starr. Man kann sich den Tag selbst einteilen. Solange ich nicht gezwungen bin, nach staatlichen Vorschriften zu leben, sehe ich mein Leben als lohnenswert an."

Meine Augen leuchteten auf. Ich atmete tief ein und ganz langsam wieder aus. Er hatte recht. Zu viele geschwächte Menschen fühlen sich in Heimen gefangen, ja sogar wie eingelagert. Es hat wenig Sinn, Menschen das Leben zu retten und sie in Rehabilitations-Programme zu schicken, wenn man ihnen die Möglichkeit verwehrt, ihr Leben selbst zu gestalten. Ich bohrte noch etwas nach. „Also ist es eine Chance, Freundschaften zu schließen und Hobbys nachzugehen?"

„Ja, sich einfach mehr als Mensch zu fühlen."

„Wie war es in dem Heim?"

Larry hielt kurz inne. „Ich lebte nur so vor mich hin, Tag für Tag. Aber hier kann ich Leuten auf der gleichen Basis begegnen."

Dieser Mann klang, als habe er seine hell schimmernden Fäden gefunden. Dünne Fäden und nur wenige, aber stark genug, Sinn in sein Leben hineinzuweben. Während ich zuhörte, sagte ich im Stillen Danke. Wie John Donne geschrieben hat: Larrys Tod hätte mir etwas von meiner eigenen Größe geraubt, besonders mir, die ich auch Quadriplegikerin bin!

Ich wagte, noch eine weitere Frage zu stellen: „Gibt es irgendeinen Rat, den du Leuten, wie uns beiden, geben kannst, die ihre Arme oder Beine nicht benutzen können und vielleicht im Rollstuhl sitzen?"

Es war still in der Leitung, und ich wußte, daß er überlegte. „Ich will ehrlich sein. Wenn es jemand jahrelang versucht hat und trotzdem das Gefühl hat, es geht nicht mehr, dann, denke ich, hat er das Recht ... na ja, du weißt schon."

Ich war ein wenig enttäuscht. Aber ich war dankbar, daß er wenigstens das Gefühl hatte, er *könne* durchhalten. Und ich tröstete mich damit, daß seine Entscheidung zu leben sicher anderen Mut gemacht hatte, das gleiche zu tun. Gerade in diesem Moment fügte Larry hinzu: „Aber ich würde ihnen sagen, ‚Fäll keine übereilte Entscheidung, sondern laß dir viel Zeit damit. Versuch nicht, dich der Gesellschaft anzupassen. Laß dir Zeit. Suche Rat, nicht nur bei Gott, sondern auch bei Freunden und deiner Familie.'"

Freunde.

Die Familie.

Gott.

Das waren die hell schimmernden Fäden in seinem Leben. Warmherzige, fürsorgliche Menschen, die da waren und ihn angenommen hatten, brachten in aus der sozialen Isolation heraus, hörten ihm zu in seiner Wut, halfen ihm, die Wahrheit über sich selbst zu entdecken, und ermutigten ihn, in seiner Zukunft einen Freund zu sehen.[22]

Wie hatten sie das erreicht? Es waren Menschen, die das unmenschliche Gesundheitssystem umgingen, das ihn in ein Heim überweisen ließ und ihm das Selbstbestimmungsrecht versagte. Es waren die Menschen, die das Konzept für das kleine Selbstversorgungszentrum zusammengestellt hatten. Sie erkannten Larrys Freiheit an, sich den Tag selbst einzuteilen und so zu leben, wie er es wünschte. Es waren Menschen, die in diesem Zentrum seine Freunde wurden und die ihm, wie er am Ende des Telefonats sagte, vielleicht sogar halfen, Gott zu finden.[23]

Larry hat gelernt, was jeder verletzte Mensch entdeckt, der das Leben wählt: *Antworten haben meist die Gestalt von Menschen und nicht die Gestalt von Lehrsätzen.*

Nützliche Informationen und ...

Menschen. Ich glaube nicht, daß Larry es ohne sie geschafft hätte. Seine Last war so schwer, daß er Leute brauchte, die mittragen. Sein Elend verlangte nach Barmherzigkeit. Er brauchte keine Argumente, vernünftige Diskussionen oder einen Platz in einem Hilfsprogramm für Selbstmordgefährdete. Was er brauchte, waren ein paar Menschen, die bereit waren ganz praktisch Liebe zu üben, die Art von Liebe, die die Ärmel hochkrempelt. Und Larrys Freunde gehörten nicht zu denen, die ihn auf einen mit Kreuzstich gestickten Spruch in einem schönen Rahmen verwiesen hätten. Sie halfen ihm, Informationen zu leben, sie zu lieben, zu bekämpfen, einzuatmen und sich zu eigen zu machen.

Diese Männer und Frauen sagten Larry: „Wähle das Leben."
Meine Freunde sagten mir: „Glaube an Gott."
Selbst Viktor Frankl sagte zu Tausenden verzweifelter Menschen: „Leiden kann einen Sinn haben."

Und glücklicherweise haben diese Menschen aus Wahrheiten keine Phrasen gezimmert, um damit nach uns, den Betroffenen, zu werfen, während sie selber aus sicherer Entfernung zuschauen. Dieses „Glaube an Gott" glühte vom warmen Herzschlag der Liebe, die so wirklich war wie Fleisch und Blut. „Wähle das Leben" waren Worte, die aufrichtig gesagt wurden, mit einem teilnahmsvollen und einladenden Lächeln. „Leiden kann einen Sinn haben", war wie eine Decke, die sanft umschließt.

Nützliche Informationen sind nicht genug. Niemand findet aus der Verzweiflung lebend heraus, ohne einen helfenden Freund auf der anderen Seite. Denn:

„So ist's ja besser zu zweien als allein: denn sie haben guten Lohn für ihre Mühe. Fällt einer von ihnen, so hilft ihm sein Gesell auf. Weh dem, der allein ist, wenn er fällt! Dann ist kein anderer da, der ihm aufhilft." (Pred 4,9-10)

Sie können nicht, Sie *müssen* nicht einsam leiden. Da geht es um die Entscheidung um Leben und Tod.

6 Es geht in Ihrer Entscheidung um den Feind

Ich werde nie den ersten Tag meiner Ehe mit Ken vergessen. Was für ein sorgenfreier, wunderbarer Morgen!

Als unser Jet in Los Angeles startete, um uns zu unseren Flitterwochen nach Hawaii zu fliegen, schmusten und küßten wir uns. Die Stewardessen kicherten und überreichten uns eine Torte und ein Paar hawaiianischer Blumenketten. Nachdem sie die Erfrischungsgetränke serviert hatten, machten wir es uns in unseren Sitzen bequem und setzten die Kopfhörer auf, um uns den angebotenen Film anzusehen. Zu meiner Überraschung war es *Ist das nicht mein Leben?*, der Film über einen Quadriplegiker, der versuchte jeden, von seinen Freunden über seine Ärzte bis hin zu seinem Anwalt von seinem Streberecht zu überzeugen.

Ken und ich nahmen den Kopfhörer ab. Das war nicht der passende Moment, um über die Depression der Quadriplegie nachzudenken, oder über den Wunsch, seinem Leben ein Ende zu setzen.

Als der Vorspann auf der Leinwand erschien, kniete sich der Steward neben meinem Sitz nieder und flüsterte: „Oh, Mrs. Tada, ich bedaure die heutige Filmauswahl außerordentlich. Sollen wir Ihnen einen anderen Sitzplatz geben?"

Ich lächelte und schüttelte den Kopf. Ich wußte, daß ich Hoffnung und eine Zukunft besaß, obwohl ich den Rest des Fluges Schwierigkeiten hatte, das Flugpersonal davon zu überzeugen, daß mich die Bilder auf der Leinwand nicht störten. Doch selbst als Ken und ich kuschelten und über unserer Zukunft sprachen, warf ich immer wieder einen verstohlenen Blick auf den Film.

Ohne Ton begannen merkwürdige und verdrehte Gedanken in meinem Gehirn zu flüstern und auf mich einzureden. *Weiß*

Ken wirklich, auf was er sich da eingelassen hat? Was, wenn wir damit nicht zurecht kommen? Scheidungen und Selbstmorde widerfahren Paaren, wie uns, ständig. Was, wenn ...

Schluß! Dies war der glücklichste Tag meines Lebens, und ich weigerte mich solch erbärmliche Gedanken zuzulassen! Ich schüttelte den Kopf, riß meine Aufmerksamkeit von dem Film weg und widmete sie ganz Ken. Ich würde diesen unterschwelligen Ideen, die wie Vögel in meinem Kopf herumschwirrten, nicht erlauben, sich ein Nest zu bauen.

Das nennt man, der Versuchung zu widerstehen.

Ein provozierender Gedanke. Eine starker Drang. Ein Anreiz, einer Verlockung nachzugeben und dann aufzugeben. Eine verrückte Idee, die sich festsetzt und anfängt, richtig und plausibel zu klingen.

Gedanken, die zum Tod führen, beginnen auf diese Weise.

Ich hatte genug Erfahrung mit Versuchungen gemacht, um zu wissen, daß solche Provokationen keine zufälligen Ideen sind, die irgendwo aus dem Nichts auftauchen, losgelöst, ohne Zusammenhang. Hinter solchen Ideen steht eine Intelligenz. Solche Gedanken sind Teil eines Plans, an dessen Ende immer der Tod steht.

Ich kann es geradezu hören, wie manche sagen: „Sie glaubt, es stünde eine ‚Intelligenz' hinter dem Bösen? Wie ungebildet! Das klingt ja wie aus einem schlechten Science Fiction."

Falls Sie meinen, ich spinne, halten Sie inne und überlegen Sie: Ein Blick auf die „Leistungen" des moralisch Bösen in dieser Welt mit seinen Schrecken der Geschichte sollte Sie davon überzeugen, daß das ziemlich systematisch aussieht. Und Systeme sind nicht einfach da. Sie werden erdacht. Sie werden ausgeheckt. Hinter ihnen steht eine Intelligenz.

Judentum, Christentum, Buddhismus, Islam – sie alle erkennen eine Intelligenz hinter dem moralisch Bösen.

Kein Wunder, daß Jesus nicht nur an einen Teufel glaubte, sondern ihn mit dem Namen „Verführer" bloßstellte. Jesus nannte ihn so, als der Teufel ihn verführen wollte, sich auf den höchsten Punkt des Tempels zu stellen und sich hinunterzustürzen (Mt 4,5f)

Und der Verführer hatte ein Ziel: Mord. Das ist der Grund, warum ihn Jesus später so kennzeichnete: „Der ist ein Mörder von Anfang an und steht nicht in der Wahrheit; denn die Wahrheit ist nicht in ihm. Wenn er Lüge redet, so spricht er aus dem Eigenen; denn er ist ein Lügner und der Vater der Lüge." (Joh 8,44)

Der Verführer. Der Mörder von Anfang an. Vater der Lüge. Das Ziel des Teufels ist es, Ihr Leben zu zerstören, entweder indem er Ihr Leben zu einem Alptraum macht, oder indem er Sie in ein frühes Grab stößt. Passen Sie auf: Wenn Sie jemals versucht waren, Ihrem Leben ein frühzeitiges Ende zu setzen, dann haben Sie nicht nur auf *etwas* gehört, sondern auf *jemanden*. Wie sehen solche Lügen aus, die er uns einredet?

„Niemand kümmert sich um mich"

Eines Nachmittags vor ein paar Wochen saß ich bei meiner Freundin am Kaffeetisch und rang damit, ob ich ihr von der Depression erzählen sollte, die mich mehrere Tage lang im Griff gehabt hatte. Ich entschloß mich, mich zu öffnen.

„Hast du Zeit zuzuhören?" fragte ich.

„Natürlich", sagte sie und stand prompt auf, um den pfeifenden Teekessel vom Herd zu nehmen. Während sie eingoß, holte ich tief Luft und begann mein Problem darzulegen.

Pause. „Milch in deinen Tee?" Kopfnicken. Neuer Versuch. Das Telefon klingelt. „Moment bitte." Faden wieder neu aufnehmen. Es klingelt an der Tür. „Was hattest du gesagt?" Weitere Ablenkungen.

Freundin hört nur halb zu. Freundin steht auf, um den Tee warmzustellen. Hilfe! Ich fühle mich verletzt! Und dieser Person ist das völlig egal.

C. Samuel Storms sagt: „Unterhalb der Wasseroberfläche jedes Lebens liegen enttäuschte Sehnsüchte, sündhafte Verschwörungen, Gedanken und Phantasien einer gefallenen Seele ... hier sind die Menschen verletzt. Tragischerweise begegnen wir einander selten auf dieser Ebene ... Wie geschickt sind wir in unserer Fähigkeit geworden, ohne den anderen auszukommen."[24]

Das ist wahr. Manche könnten sich kaum weniger um uns kümmern. Freunde sind zu beschäftigt ... Schwestern stürmen an Ihrem Bett vorbei zum nächsten Patienten ... Nachbarn machen sich nie die Mühe, über die Straße zu gehen, um zu sehen, wie es Ihnen geht ... Familien distanzieren sich, und es gibt nur noch einen losen Telefonkontakt zueinander.

Es mag tatsächlich sein, daß Sie denken, es würde sich niemand um Sie kümmern. Wenn das so ist, mögen Ihre Gefühle recht haben. Ich bin durch die Korridore von Pflegeheimen gerollt, habe in Zimmer geblickt. Ich war traurig, als ich gesehen habe, wie einsame Menschen dasaßen und vor sich hin starrten und warteten, daß sie jemand besucht. Oder vielleicht sind Sie anders einsam, einer der ständig mit vielen Leuten zu tun hat, aber trotzdem zu keinem von ihnen eine vertraute Beziehung hat. Diskussionen über das Wetter und den Sport füllen vielleicht Ihren Tag aus, aber die eigentlichen Themen, die an Ihnen nagen, wenn Sie nachts wach liegen und grübeln, bleiben in Ihrem Innern verborgen. Sie denken: *Kümmert sich eigentlich irgend jemand um mich?*

Es *gibt* Leute, die sich um Sie kümmern. Und es ist möglich, daß Sie selbst eine Mauer um sich herum gebaut haben. Eine Mauer, die keinem erlaubt, in Ihr Innerstes zu sehen, zu merken, was Sie durchmachen, und in Ihren Verletzungen mit Ihnen zu fühlen.

Ihr Schöpfer hat nie beabsichtigt, daß Sie die Last des Leides ganz allein auf Ihre Schultern nehmen. Das ist genau der Sinn einer geistlichen Gemeinschaft – Gott hat die Menschen darauf angelegt, daß sie einander brauchen. Wir müssen uns mit Menschen der Hoffnung und des Glaubens verbünden, wenn unsere innersten Nöte verändert werden sollen.

Und was ist, wenn Ihre Beziehungen zu diesen wenigen Freunden nicht so offen und verläßlich sind, wie Sie das gerne hätten? Dann ist es vielleicht an Ihnen, dafür etwas zu tun. Eine Gemeinschaft, die diese Art von Liebe gibt, die „die Ärmel hochkrempelt", kann nur ins Leben gerufen werden, wenn es sie noch nicht gibt! Eine spontane, warmherzige Verbindung könnte sich zum Krankenhausseelsorger entwickeln ... eine neue Freundschaft könnte mit der Frau entstehen, die Ihre Zimmergenossin besucht ... eine geistliche Verbundenheit könnte zwischen Ihnen und den ein oder zwei Leuten wachsen, die Sie regelmäßig in der Krankenhauskapelle beten sehen ... oder vielleicht lassen sich fürsorgliche Menschen in der Hilfsgruppe finden, der Sie bisher immer aus dem Weg gegangen sind.

Dieser fürsorgliche Mensch, den Sie suchen, ist möglicherweise ein Verwandter, der Ihnen nahesteht. Eine alte Freundin, die Sie schon fast vergessen hatten. Eine Kollegin, die Sie hier und da zum Mittagessen eingeladen hat. Fürsorgliche Menschen können in Obdachlosenheimen gefunden werden, in Kirchen, in Treffen der Anonymen Alkoholiker, von alleinerziehenden Eltern, der Weight Watchers oder von Behindertenorganisationen.

Es gibt immer jemanden, der sich kümmert. Dies wurde mir klar, als Terry Anderson, der amerikanische Journalist, der über sechs Jahre als Geisel gehalten wurde, aus dem Libanon freigelassen wurde. Isoliert in einer Zelle, mit verbundenen Augen und mißbraucht. Er hatte allen Grund zu glauben, es kümmert sich niemand. Aber die wenigen Fetzen von Sendungen der BBC, durch die er die Stimme seiner Schwester hörte, gaben ihm alles, was er brauchte. Es gab jemandem, der sich um ihn sorgte. Und obwohl er sich die Umarmung seiner Schwester nur vorstellen konnte, wußte er, daß am anderen Ende seiner Verzweiflung ein Freund wartete. Dieser Gedanke allein half ihm durchzukommen.

„Ich habe vom Leben nichts mehr zu erwarten"

Das ist eine weitere Standardlüge und ein verführerischer Gedanke, besonders wenn Sie nicht über den dicken, grauen Nebel der Hoffnungslosigkeit hinaussehen können, der sich um Sie gebildet hat. Aber es ist trotzdem eine Lüge. Es gibt ein Leben jenseits dieses Nebels.

Viktor Frankl hat es so ausgedrückt:

„Ich erinnere mich an zwei Fälle von Selbstmordabsichten im Konzentrationslager mit auffallender Ähnlichkeit. Beide benutzten das typische Argument, daß sie vom Leben nichts mehr zu erwarten haben. In beiden Fällen war es die Frage, wie sie erkennen, *daß das Leben etwas von ihnen erwartet* ...
Für den einen war es sein Kind, das er über alles liebte ... für den anderen war es eine Aufgabe, keine Person. Dieser Mann war Wissenschaftler. Er hatte an einer Buchreihe geschrieben, die noch nicht beendet war. Ein Mensch, der sich seiner Verantwortung bewußt wird, die er für ein Menschenwesen trägt, das liebevoll auf ihn wartet oder für ein unvollendetes Werk, wird niemals in der Lage sein, sein Leben wegzuwerfen. Er kennt dieses „Warum" seiner Existenz und wird daher auch fast jedes „Wie" ertragen können."[25]

Vielleicht erwarten Sie nichts vom Leben, aber das Leben erwartet noch etwas von Ihnen. Es mag sein, daß Sie, wie der Mann im KZ, noch eine Verantwortung gegenüber einem Kind, einem Enkel oder dem Jungen aus der Nachbarschaft haben. Ihre Entscheidung, zu sterben oder nicht zu sterben, hat einen gewaltigen Einfluß auf das Denken eines Jungen oder Mädchens.

In dem Film *Eric hebt ab* setzt ein Vater, der glaubt, er habe nichts mehr zu geben, seinem Leben ein verfrühtes Ende und läßt zwei Kinder zurück. Sein Sohn wird verschlossen und bitter. Auf die Ellenbogen gestützt murmelt der verheulte Junge über das Ableben seines Vaters: „Er hat nicht mal versucht zu kämpfen ... er hat einfach aufgegeben ... er hat's nicht versucht." Die Entscheidung des Vaters hatte bleibende negative Auswirkungen auf das Leben des Kindes.

Ein anderes Beispiel: Eine meiner Freundinnen, namens Carol Swegle, besaß alles: einen reichen Mann, einen Titel als Schönheitskönigin, ein sagenhaftes Landhaus, wohlhabende Freunde und liebevolle Kinder. Aber Carol wurde depressiv und versuchte, in einer Mischung aus verordneten Medikamenten und Alkohol Trost zu finden. Sie hatte alle ihre Hoffnungen auf ein wenig Ruhm und ein kleines Vermögen gesetzt und entdeckte nur Leere. Eines Tages steckte sie in ihrem Schlafzimmer eine Waffe in den Mund und wollte abdrücken. In diesem Augenblick platzten ihre Kinder herein und erschreckten sie. Die Waffe ging los.

Carol fiel zu Boden, an Armen und Beinen gelähmt. Sie verlor ihren Mann, ihr Haus, ihre Freunde und lebte schließlich in einem Pflegeheim. Wenn es je einen Zeitpunkt gegeben haben sollte abzudrücken, dann wäre es jetzt gewesen! Aber Carol hielt sich an der Hoffnung fest, ihre Kinder wieder zuerkannt zu bekommen. Ihre Töchter gaben ihr genug Grund, es noch einmal zu versuchen. Und am Ende? Obwohl es stimmt, daß ihre Kinder durch ihren Selbstmordversuch nachteilig beeinflußt wurden, wurde auf lange Sicht ihre Entscheidung, leben zu wollen, durch ihre Ausdauer und ihre veränderte Haltung, für ihre Kinder zur Rettung. Sie wurden wieder vereint.

Das Leben – vielleicht in der Gestalt eines Kindes – erwartet noch etwas von Ihnen.

Und dann erwartet das Leben vielleicht noch mehr von Ihnen, in Form eines Gegenstandes. Ich erhalte Briefe von Gefangenen, Behinderten in Heimen und von älteren Leuten, die mir oft Gedichte, kleine Gemälde, Bleistiftzeichnungen, gehäkelte Lesezeichen, Topflappen ... und was weiß ich was schicken. Das alles ist der Ausdruck eines Individuums mir gegenüber, einem anderen Menschen gegenüber. Zittrige Bilder und zerfledderte Lesezeichen sind ein Ausdruck der Seele, und diese einfachen Dinge verbinden diesen Menschen mit der übrigen Welt.

„Ich kann mit dieser Depression nicht mehr leben"

Sie müssen dieser Lüge keinen Glauben schenken. Zugegeben, nichts verzerrt die Wirklichkeit so sehr wie eine Depression. Ein Krach mit Ihrem Ehemann läßt Sie zwanzig Jahre einer guten Ehe vergessen. Leichte Kopfschmerzen bringen Sie ins Grübeln, ob Sie nicht vielleicht einen Gehirntumor haben. Die Diagnose einer ernstzunehmenden Krankheit läßt Sie schon am nächsten Tag Ihr Grab schaufeln. Es ist erstaunlich, wie schnell die Realität auf den Kopf gestellt wird, wenn Sie Depressionen haben.

Aber ich war beeindruckt von der Haltung, mit der diese Teenagerin auf ihre Depression zuging:

Liebe Joni,
Mein Name ist Katherine, und ich werde in vier Tagen vierzehn. Dann werde ich auch mein erstes Jahr im Rollstuhl verbracht haben. Ich habe die Beweglichkeit meiner Beine und eines Armes für immer verloren. (Das mit dem Arm war jedoch meine eigene Schuld.) Ich habe mich geweigert, meine Therapie zu machen, weil ich so deprimiert war wegen meiner aussichtslosen Zukunft.
Nun habe ich entdeckt, daß ich Gottes Liebe mehr als je zuvor brauche. Ich möchte einen Anfang machen, indem ich mit jemandem rede, der weiß, was ich durchmache. Bitte hilf mir, die Liebe zu finden, die ein Christ kennt.

Katherine ist gerade mal Teenager, hat ein ganzes Jahr im Rollstuhl gelebt und widmet ihrer Depression nicht mehr als eine einzige Zeile. Die meisten von uns hätten eine ganze Seite dafür reserviert!

Als ich Katherine antwortete, schrieb ich ihr, daß sogar die Heiligen auf den Kirchenfenstern, z.B. die Apostel, deprimiert waren. Der Apostel Paulus schrieb seinen Freunden in einem Brief: „Denn obwohl uns die Schwierigkeiten von allen Seiten bedrängen, lassen wir uns nicht von ihnen überwältigen. Wir sind oft ratlos, aber nie verzweifelt. Von Menschen werden wir verfolgt, aber bei Gott finden wir Zuflucht. Wir werden zu Boden geschlagen, aber wir kommen dabei nicht um." (2.Kor 4,8f Hoffnung für Alle)

Etwas von dieser Haltung ist in Katherine. Irgendwie hat sie es geschafft, nachdem sie am Boden zerstört war, wieder hochzukommen und weiterzumachen. Ich bin sicher, es hat Zeit gebraucht, bis sie sich durch ihren Schmerz, ihre Trauer und ihre Grenzen durchgearbeitet hatte, aber irgendwo im Nebel der Hoffnungslosigkeit, hat sie einen dünnen Strahl der Hoffnung gefunden.

Das ist Glauben. Sie brauchen nicht mehr als den Senfkorn-Glauben einer Vierzehnjährigen. Stimmt, Katherine wird, wie die meisten von uns, in der Zukunft noch härteren Zeiten gegenüberstehen, aber sie hat angefangen zu lernen, ihre Haltung bewußt zu bestimmen und ihr Leben in andere zu investieren. Indem sie das tut, wird sie fähig sein zu leben, egal was ihre Gefühle ihr sagen.

„Nichts erwartet mich nach dem Tod"

Das ist sicher die größte Lüge von allen.
Und das ist genau der Grund, warum es dem Teufel Spaß

macht, Ihnen bei der Planung Ihres eigenen Mordes zu helfen. Klingt das zu hart? Sie können es Selbsterlösung oder Euthanasie nennen, wenn Sie wollen; das kümmert den Teufel wenig. Hauptsache Mord.

Es ist auch ziemlich egal, ob Sie an die Hölle glauben oder nicht. Auch hier kümmert es den Teufel nicht, ob Sie es als „weißes Licht am Ende des Tunnels" bezeichnen oder als „Nirwana" oder als „Das Land von Nirgendwo." Für ihn bleibt das alles die Hölle.

Und wie ist es dort? Feuer und Rauch? Ein schwarzes Loch? Ein ödes Nichts? Wieder zuckt der Teufel mit den Achseln angesichts solcher Beschreibungen. Das einzig Wichtige für ihn ist, daß die Hölle die völlige und endgültige Trennung von Gott bedeutet. Die Hölle ist ein Leid, tiefer und umfassender als jedes Leid, das man auf Erden erleben könnte. Und weil alles Leid einen Gefährten sucht, möchte der Teufel so viele wie möglich mit sich in die Hölle nehmen. Sie eingeschlossen.

Ohne Frage ist es genug, daß Jesus an die Hölle glaubte, und er sprach öfter von ihr als vom Himmel. Ohne hier ins Detail zu gehen, aber Jesus hat gewarnt: „Es ist besser für dich, daß du lahm oder verkrüppelt zum Leben eingehst, als daß du zwei Hände oder zwei Füße hast und wirst in das ewige Feuer geworfen." (Mt 18,8)

Der Verführer möchte Sie glauben lassen, daß es nicht ganz so schlimm sein kann. Der Teufel wirbt um Sie, daß Sie in die Hölle zu kommen, bevor Sie den Himmel finden können. Seine Strategie erinnert mich an einen Brief, den ich neulich laß, in dem beschrieben wurde, welchen Rat man einem sterbenden Aidskranken gab:

„... ein todkranker Aidspatient rief vor kurzem die Hemlock Society in Nordtexas an. Er litt schwer ... In unserem Telefongespräch quälte er sich mit seiner Überzeugung, daß er vermutlich in die Hölle kommen werde.
Ich erzählte ihm von meinem Glauben und dem anderer, die in dieser Frage stark abweichen. Ich beschrieb eine neuere Untersuchung, die zeigt, daß etwa 50 % aller Amerikaner an die Existenz der Hölle glauben, aber nur 4 % denken, daß sie vermutlich dorthin gehen werden. Mit der Hilfe eines freundlichen Bibliothekars, hier im Ort, erhielt ich eine Kopie dieser Untersuchung, um sie ihm, zusammen mit der Tabelle der National Hemlock Society zur Dosierung von Medikamenten, zuzuschicken.
Dies ist vielleicht das erste Mal, daß die Hemlock Society jemandem hilft, eine ‚doppelte Selbsterlösung' in die Tat umzusetzen, sowohl von einer harten tödlichen Krankheit, als auch von einer harten theologischen Überzeugung.
Die Hemlock Society von Nordtexas"[26]

Diesem Aidskranken hatte man die Wahrheit gesagt darüber, wie er sich mit tödlichen Dosierungen umbringen könne, aber man hatte ihm nicht die Wahrheit über die Hölle gesagt. Der

Brief war eine schaurige Vorspiegelung falscher Tatsachen. Glauben Sie, daß sie nach dem Tod nichts erwartet? Würden Sie Ihr Leben darauf wetten? Von all den Fragen, die es zu klären gilt, bevor Sie Ihren „letzten Ausweg" suchen, ist diese die wichtigste.

Wenn Sie glauben, die Hölle sei nur Fiktion, dann sagen Sie es. Machen Sie es nicht wie die 50 % der Amerikaner, die an die Hölle glauben, aber behaupten, sie sei nicht ihr Bestimmungsort. Wenn Sie nur den leisesten Verdacht haben, es könne sie doch geben, dann wachen Sie auf. Lassen Sie keinen Stein auf dem anderen, kein Mittel unversucht, bis Sie ein Leben gefunden haben, das sich sowohl diesseits wie auch jenseits der Ewigkeit lohnt.

Glauben Sie den Lügen nicht!

Dem Teufel wird jedes Mittel recht sein, um Sie in ein frühes Grab zu locken. Jede Gelegenheit, angefangen damit, daß er Ihnen eine Dosierungstabelle für Medikamente unter die Nase hält, bis dahin, daß er die Hölle als bloßen Nonsens verpönt. Er würde die Hölle (und, wenn er könnte, auch den Himmel) in Bewegung setzen, um Ihren Herzschlag zu stoppen und Sie für tot erklären lassen.

Lassen Sie uns seine Arbeitsweise demaskieren.

Heute morgen fiel es mir schwer, aus dem Bett zu kommen. Meine Lähmung plagte mich. Ich schüttelte den Kopf und stöhnte: „Dieser Körper ist zum Auswachsen. Ich hasse ihn!"

Warum war das so entsetzlich? Weil der Feind einen tiefen Haß gegen meinen Körper empfindet, und ich gab ihm auch noch recht. Jetzt kann er mich wegen meinen geäußerten Beschwerden über meinen Körper beschuldigen. Und es wäre ihm nur recht, wenn Sie da voll einstimmen. Ob Sie sich den letzten Qualen einer tödlichen Krankheit nähern oder tief in einer Depression stecken, der Teufel liebt es, wenn wir schlecht über unseren Körper reden.

Warum? Weil Ihr Körper – selbst unter Runzeln oder Fett verborgen, und trotz allen Wütens von Krankheit oder Alter – zum Bilde Gottes geschaffen ist. Ihr Herz, Ihr Verstand, Ihre Hände und Füße tragen den Stempel Ihres Schöpfers. Kein Wunder, daß der Teufel möchte, daß Sie ihren Körper auslöschen!

Heute morgen mußte ich wieder einmal meine Ohren für die Lügen des Verführers verstopfen und mich daran erinnern, daß ich „wunderbar gemacht bin". (Ps 139,14) Ich wiederholte die alte, vertraute Wahrheit, daß Gott für mein Fleisch und Blut einen Plan hat. Deshalb betrachtet der Teufel meinen Körper als Bedrohung.

Er weiß, wenn ich meinen Körper Gott hinhalte, sind meine Hände und Füße kraftvolle Waffen gegen die Mächte der Finsternis, obgleich sie gelähmt sind.

Hören Sie auf die Wahrheit!

Übrigens möchte der Teufel, daß Sie noch einige weitere Lügen glauben. Er will Sie davon überzeugen, daß er entweder ein Kobold in einem roten Anzug und mit einem lustigen Schwanz ist oder daß er ein gleichwertiger Gegner Gottes ist, fast genauso mächtig wie er.
Keines von beidem ist war.
Der Teufel ist nur ein gefallener Engel. (Jud 6; 2.Petr 2,4)[27]
Er ist ein Betrüger. (2.Kor 4,4)
Er ist dem Untergang geweiht. (Offb 20,10)
Und bis dahin hat er nur ein Ziel: Ihren Untergang.

7 Es geht in Ihrer Entscheidung um Gott

Manche Leute schauen sich Diane Sabol an, wie sie in ihrem großen, unhandlichen Rollstuhl sitzt, steif und unbeweglich, und schütteln den Kopf. Sie muß bei jedem Essen gefüttert und überall hin geschoben werden. Die schleichenden Einschränkungen durch ihre Multiple Sklerose haben ihre Finger verkrümmt und sie steif und starr gemacht. Ihre Stimme kann kaum Flüstern genannt werden. Oft muß sie im Bett bleiben.
„Warum macht sie nicht einfach Schluß?" fragen manche Leute. Diane hat sich durch die Diagnose ihrer Krankheit durchgekämpft, durch eine darauf folgende Scheidung und durch eine Schlacht um das Sorgerecht für ihre Kinder. Dann erlitt sie weitere Lähmungen und Schmerzen, und so zwang ihre MS Diane, ihre Kinder erneut zu verlieren. Von da an ging es mit ihr bergab, bis sie einsam und mühsam in einem Heim vor sich hin existierte. „Ich wollte meinen vierzigsten Geburtstag nicht mehr erleben", erinnert sich Diane.

Heute stehen die Dinge für Diane sehr viel besser. Irgendwo, inmitten all der Hoffnungslosigkeit gelang es Diane mit ein oder zwei der Pflegeschwestern Kontakt zu bekommen. Langsam entstand eine zerbrechliche Freundschaft zu einer der beiden. Die Freundschaft zu dieser Schwester namens Connie wurde stabiler, und einige Jahre später konnte Diane mit Hilfe ihrer neuen Freundin in ein kleines Apartment einziehen. Diane sah Connie als Antwort auf ihre Gebete an. Tatsächlich entdeckte sie, daß ihr Leben zweifach Wert bekam: Menschen und Gott. „Nun, in meinem fünfzigsten Lebensjahr, freue ich mich auf die Jahre, die noch vor mir liegen", sagte sie mir kürzlich.

Diane verbringt immer noch den ganzen Tag im Rollstuhl oder im Bett. Ihre Lähmungen werden schlimmer. Ihre Sehkraft nimmt ab. Doch Diane findet in ihrer Arbeit Befriedigung. Aber tatsächlich sind andere buchstäblich von ihr abhängig, um einen Sinn im Leben zu finden. Sie verbringt Stunden auf Arbeit: Sie kümmert sich um die Banden auf den Straßen im Osten von Los Angeles, hilft Müttern ohne Wohnsitz, alleinerziehenden Eltern, mißbrauchten Kindern, bedrückten Teenagern und den sterbenden und vergessenen alten Menschen in dem Pflegeheim, in dem sie einst lebte. Sie arbeitet, um für Mitarbeiter des Friedenskorps in Lateinamerika die Berge zu versetzen, die ihnen im Weg stehen, und hilft, geistlich Blinden in Südostasien die Augen zu öffnen.

Nein, Diane unterhält keine Krisenleitung. Ihre Telefondrähte sind unsichtbar, aber nicht weniger real. Und ihre Arbeit, selbst wenn sie geistlicher Art ist, bewirkt genauso viel als würde sie von Angesicht zu Angesicht mit einer wohnungslosen Mutter, einem Bandenmitglied und mißbrauchten Kindern reden. Dianes Arbeit ist das Gebet.

Diese demütige und stille Frau kennt ihren Platz in der Welt. Es ist gleich, daß andere ihre Bedeutung im großen Zusammenhang aller Dinge nicht erkennen. Ihr Motto? „Sinn dieses Lebens ist es, ... zu einem Menschen zu werden, der sich von Gott vollkommen lieben lassen kann, damit Gottes Sehnsucht nach Liebe gestillt wird. Das Sein ist mehr als das Tun, der Singende mehr als der Gesang. Wir sollten lieber aufhören, nach Notausgängen zu suchen, weil hier unsere Tür ist."[28]

„Endlich", meint Diane, „habe ich Frieden gefunden."

Vielleicht sitzen Sie nicht zusammengesunken in einem großen sperrigen Rollstuhl. Sie liegen womöglich weder im Sterben noch sind Sie ausgezehrt oder unheilbar krank. Und doch würden Sie alles darum geben, Frieden zu finden. Das Problem ist nur, daß

Sie vielleicht immer noch der Lüge glauben, daß Sie diesen Frieden finden könnten, indem Sie Ihrem Leben ein verfrühtes Ende setzen.

Schon richtig, es mag sein, daß Sie das Gefühl haben, niemand kümmere sich um Sie. Und vielleicht kümmert sich auch wirklich keine Seele um Sie! Sie mögen den Eindruck haben, daß das Leben von Ihnen nichts mehr erwartet und Sie mit dieser Depression einfach nicht mehr leben können. Unglücklicherweise sind Sie sogar bereit, Ihr Leben darauf zu setzen, daß Sie nach dem Tod nichts und niemand erwartet.

Falls das so ist, dann haben Sie wirklich Frieden *nötig*! Aber bedenken Sie, Frieden im Herzen kommt nicht in der Gestalt von Lehrsätzen, sondern in der Gestalt von Personen. Es gibt eine Person, der Sie etwas bedeuten, selbst wenn sich sonst keiner mehr um Sie kümmert. Er nennt sich selbst der Friedefürst. Und über seine Perspektive vom Leben möchte ich mit Ihnen reden.

Die Meinung der Bibel zur Euthanasie

Vielleicht denken Sie, daß Euthanasie an sterbenden oder ausgezehrten Menschen erst ein ziemlich neues Phänomen ist, aber das ist nicht so. Das Alte Testament berichtet von einem Vorfall, der König Saul von Israel betraf, als er in einer Schlacht schwer verwundet wurde. Aus Angst vor dem anrückenden Feind nahm er sein Schwert und versuchte sich hineinzustürzen. Er rief einem Soldaten zu: „Tritt her zu mir und töte mich; denn mir wird schwarz vor den Augen, aber mein Leben ist noch ganz in mir."

Der Soldat beugte sich dem Willen des Königs und tötete ihn. Weil er sich für unschuldig hielt, brachte er ein Teil von Sauls Rüstung zu David und sagte: „Ich tötete ihn, denn ich wußte, daß er nicht leben könnte." (2.Sam 1,9-16)

Es gab damals keine Gesetze über Beihilfe zum Selbstmord, aber das hinderte David nicht daran, den Hammer der Gerechtigkeit Israels niedergehen zu lassen. Er befahl, den Soldaten zu töten. Vielleicht waren die Anwesenden von diesem Urteil schockiert. Schließlich wäre Saul sowieso gestorben, er hatte große Schmerzen und hatte fürchten müssen, daß man ihn bei einer Gefangennahme in seinen letzten Stunden gefoltert und mißbraucht hätte. Daran hatte wohl der Soldat gedacht, der den „Gnadentod" durchführte. Aber sein Handeln war das, wovor sich Sauls Waffenträger nur wenige Minuten vorher sehr gefürchtet hatte. (1.Chr 10,4)

Um fair zu sein, muß gesagt werden, daß Sauls Status als König Israels die Schuld dieser Tat vergrößerte. David war außer sich, daß jemand den Nerv hatte, dem König, der der Gesalbte Gottes war, Schaden zuzufügen. Aber ich glaube, es ist gerechtfertigt, daraus ein Prinzip abzuleiten, das für Menschen heute genauso viel Gültigkeit besitzt wie für Menschen, die vor Tausenden von Jahren gelebt hatten. Ob Monarch oder einfacher Mann, in jedem Fall ist es falsch, jemandem den „Gnadentod" zu geben. Daß Saul König war, machte das Verbrechen, daß der Soldat begangen hatte, noch größer.[29]

Gott widerspricht eindeutig jeder *aktiven Euthanasie*; egal ob einem König auf dem Schlachtfeld ein Schwert in den blutenden Körper gestoßen wird oder einem sterbenden Patienten eine Spritze voll Phenobarbital in die Venen gestoßen wird. Das Tötungsverbot in den Zehn Geboten schließt logischerweise Selbstmord mit ein. „Gnadentod" und Selbstmord widersprechen der gebotenen Selbstliebe: „Du sollst deinen Nächsten lieben wie *dich selbst*." (Mt 22,39)

Was die *passive Euthanasie* angeht, so gibt es keinen biblischen Bericht über jemanden, der medizinische Hilfe unterläßt, um jemanden sterben zu lassen, was wir dann als passive Euthanasie verstehen würden. Aber man kann sich leicht vorstellen, daß Gott es mißbilligt hätte. Saul wäre von Sanitätern gerettet worden, an lebenserhaltende Apparate angeschlossen worden und irgendein Amalekiter hätte dann die Geräte ausgeschaltet. „Gnadentod", ob aktiv oder passiv, wird in der Bibel immer in einem negativen Licht dargestellt. In der Schrift werden Menschen, die Selbstmord begangen haben oder andere um den „Gnadentod" gebeten haben, immer als ungehorsam angesehen. (Ri 9,54-56; 1.Kön 16,15-19; Mt 27,5)

Und für diejenigen, die sagen: „Ich mache mit meinem Körper, was mir gefällt", hat Gott eine Antwort: „Ihr gehört euch nicht selbst,… darum preist Gott mit eurem Leibe." (1.Kor 6,19f)

Kurz gesagt, nichts, was Tod produziert, um Leiden zu mildern, ist vor Gott gerechtfertigt. Oder in der Sprache der Bibel: Es ist niemals gerechtfertigt, Böses zu tun.[30]

Die Meinung der Bibel zum Sterben

Jemanden sterben zu lassen ist jedoch etwas völlig anderes. Jemanden sterben zu lassen, wenn er tatsächlich im Sterben liegt, ist gerechtfertigt. Die Bibel ist voller Beispiele von Menschen, die alles in ihrer Macht stehende tun, um einem Menschen das Leben zu retten. Aber wenn die Zeit zu sterben gekommen ist, wird in der Schrift schlicht der Tod registriert. Keine Sanitäter erscheinen auf der Bildfläche, keine Herzmassage, kein Heimlich-Handgriff. Das Alte und Neue Testament ist nicht speziell auf viele unserer heutigen Probleme und Fragen gerichtet, wenn es darum geht, „jemanden sterben zu lassen". Die Schrift schweigt darüber vermutlich, weil diese Probleme in biblischer Zeit nicht bestanden. Das Fehlen von Beatmungsgeräten, medikamentösen Therapien, Herzpumpen und künstlicher Ernährung ließ die Verwechslung zwischen Verlängerung des Sterbeprozesses und Erhaltung von Leben gar nicht erst aufkommen.

Die Bibel spricht über den Tod auch nicht in technischen Begriffen, sondern mit der alltäglichen Sprache einer gewöhnlichen Erfahrung. Heute wären Ärzte sich darüber einig, daß ein Mensch tot ist, wenn die Funktionen des Gehirns und des Gehirnstamms erloschen sind, aber die Schrift definiert den Tod nicht formal, weder mit solchen, noch mit anderen Begriffen. Sie geht einfach davon aus, daß wir wissen, was der Tod ist.

Doch was der Schrift an absoluten Definitionen fehlt, macht sie durch absolute Urteile wett. Da ist etwas von der Exaktheit eines medizinischen Wörterbuches in Versen wie Hiob 14,5 (Gute Nachricht): „Im voraus setzt du fest, wie alt der Mensch wird, auf Tag und Monat hast du es beschlossen. Du selbst bestimmst die Grenzen seines Lebens, er kann und darf sie niemals überschreiten."

Dieser Vers und andere beeinflussen in richtiger Weise unsere Urteile. „Einen Komapatienten mit einer unheilbaren Krankheit durch Apparate am Leben zu erhalten, wenn er unabänderlich sterben wird, ist unnötig" sagt der evangelische Theologe Norman L. Geisler in seinem Buch *Christian Ethics*. „Es könnte in der Tat als unethisch angesehen werden ... Außerordentliche Bemühungen, die von Gott gesetzten Grenzen unserer Sterblichkeit zu bekämpfen, bedeuten eigentlich ein Handeln gegen Gott."[31]

Tauschen Sie Angst gegen Frieden

Das intensive Interesse der Menschen an der Euthanasie kann mit einem Wort zusammengefaßt werden: Angst. Seit den Tagen von Eden sind wir verfolgt von Angst vor jeder Seite des

Grabes. Wie es in einem alten Lied heißt: „Ich bin des Lebens müde, aber ich habe Angst vorm Sterben." Auf dieser Seite des Grabsteins werden unsere Ängste verschärft durch merkwürdige neue Krankheiten, inhumane Apparate und Behandlungsmethoden, die alle Würde rauben. Doch wenn wir über den Grabstein hinaus schauen, haben wir Angst vor jenem unheimlichen Weg in Richtung Hölle.

Friede ist das Gegenteil von Angst. Wie schon gesagt, wir sind alle auf der Suche nach Frieden, wenn es um die Frage von Leben und Tod geht. Und der Friedefürst ist der einzige, der Ihnen die Angst nehmen kann, egal welche Seite des Grabes Sie im Blick haben. Die Bibel besänftigt Ihre Angst, indem sie sagt: „Die Kinder aber sind wir, Menschen aus Fleisch und Blut. Christus ist nun auch ein Mensch geworden wie wir, damit er durch seinen Tod dem Satan – als dem Herrscher des Todes – die Macht entreißen konnte. So hat er alle befreit, die aus Furcht vor dem Tod ihr ganzes Leben hindurch Gefangene des Satans waren." (Hebr 2,14f Hoffnung für Alle)

Lesen Sie es noch einmal. Gott wurde Mensch – das ist Jesus. Jesus hat durch seinen Tod die Macht des Teufels und seiner Lügen durchbrochen. Er möchte auch Sie von Ihren Ängsten befreien, ob es nun die Angst vor dem Leben als einem fortwährenden Alptraum ist oder die Angst vor dem Tod als der bleibenden und völligen Trennung von Gott. Der Glaube an Jesus gibt Ihnen Frieden im Hier und Heute und Frieden über das, was danach kommt.

Wie? Nun, erinnern Sie sich an jenen unheimlichen Weg in Richtung Hölle? Was uns so voller dunkler Vorahnungen werden läßt, ist unsere Sünde. Und Sünde ist keine psychologische Vorstellung: Sie haben Gesetze gebrochen, und egal wie sehr Ihnen andere äußerlich schmeicheln, in Ihrem Innern nagelt Sie Ihr schlechtes Gewissen fest, wegen Ihrer Begierden, Ihres Stolzes und Ihrer Vorurteile, um nur einiges zu nennen. Die Strafe für die Übertretung des Gesetzes ist der Tod. Doch wie dieser Vers sagt: Jesus *erlöst!* Als er Gottes Strafe trug, hat Jesus sein Kreuz zum Zeichen aufgerichtet und uns einen Weg gebahnt, der von der Hölle wegführt und zum Himmel hinführt.

Wenn Sie Ihre Hand in die Hand des Friedefürsten legen, garantiert Ihnen das nicht unbedingt einen Schutz vor Leiden. Es verleiht Ihnen auch keine Immunität gegen schwerwiegende Entscheidungen am Totenbett. Aber es bietet Ihnen eine sichere Hand, an der Sie sich festhalten können, verbunden mit der Sicherheit, daß ein liebender und allmächtiger Gott, der alles weiß, Ihnen zur Seite steht. Wenn Sie Ihr Vertrauen in Christus setzen, werden Sie frei werden davon, Ihr ganzes Leben als Sklave in ständiger Furcht leben zu müssen: Furcht vor dem Leben als einem fortwährenden Alptraum und der Furcht vor dem Tod als dem dunklen Ungewissen.

Gott liebt das Leben. Gott verachtet den Tod, denn „der letzte Feind, der vernichtet wird, ist der Tod." (1.Kor 15,26) Jesus sagt: „Ich aber bringe allen, die zu mir gehören das Leben – und dies im Überfluß." (Joh 10,10 Hoffnung für Alle) – Leben nicht nur im Hier und Heute, sondern auch danach. Es gibt gute Gründe, warum Gott möchte, daß Sie leben: Er möchte, daß Sie Frieden haben. Er weiß, Ihr Leben kann hier und heute einen Wert besitzen und er möchte, daß Sie den Weg in den Himmel finden.

Gott weiß, daß Sie auf ein Danach zusteuern

Wenn Sie Diane Sabol fragen würden, welche Wahrheit in der Bibel ihr den meisten Frieden gegeben hat, so würde sie vielleicht sagen: „Denn ich bin überzeugt, daß dieser Zeit Leiden nicht ins Gewicht fallen gegenüber der Herrlichkeit, die an uns offenbart werden soll." (Röm 8,18)

Das sagt eine Menge! Manche Menschen finden es schwierig, realistisch über den Himmel nachzudenken. Selbst geistlich gesinnte Menschen finden es unbehaglich, auf dem Weg zur „Ewigkeit" zu sein, weil sie so weit weg zu sein scheint, fast unwirklich. Selbst, wenn wir uns versuchen vorzustellen, wie es dort sein wird, erzeugt das in uns kein Verlangen, dorthin zu gelangen. Wer möchte schon ewig leben, hinter eine ferne Galaxie verbannt, wo Vögel zwitschern, Orgeln spielen und Engel von Wolke zu Wolke hüpfen?

Wenn dies das wahre Bild des Himmels wäre, würden viele, nicht nur Diane, wenig Lust verspüren, dorthin zu kommen.

Entscheidend ist, daß Beschreibungen des Himmels weit weniger wichtig sind, als die *Tatsächlichkeit* des Himmels zu begreifen. Der Himmel ist der Ort, wo Gott für seine Familie die größte Wiedersehensparty der gesamten Weltgeschichte geben wird. In den Himmel einzugehen heißt, kein Leiden mehr, keine Tränen mehr und ein Leben frei von Schmerz und voller Freude. Vielleicht ist das der Grund, warum sterbende, ausgezehrte oder todkranke Menschen oft am ehesten bereit sind, an Gott zu glauben. Vielleicht ist es dem Teufel egal, ob Sie an die Hölle glauben, aber Gott hat ein ausgesprochenes Interesse daran, daß Sie an den Himmel glauben! Ihr Schicksal in der Ewigkeit hängt davon ab.

An Jesus zu glauben ist der erste Schritt in ein Leben, das weit über diese Welt hinausreicht. Wenn diese Frage erst einmal geklärt ist, gibt es ein paar Tatsachen, an denen wir festhalten können, bis wir das Grab hinter uns lassen und in eine helle Ewigkeit mit Gott eintreten.

Sie wurden zu einem Zweck geschaffen, nämlich Gott für die Menschen um Sie herum real werden zu lassen. Denken Sie nicht, er habe Sie ohne Mittel zurückgelassen, um dieses Ziel zu erreichen, nur weil Sie ans Bett gefesselt sind oder mit Schmerzen kämpfen. Auf eine geheimnisvolle Weise bereitet jeder Tag, den Sie leben, jeder hoffnungsvolle Gedanke, den Sie haben, wie flüchtig er auch sein mag, jedes Lächeln, das Sie hervorbringen, Gott unglaubliche Freude. Das liegt daran, daß Ihre positive Haltung und ihr Handeln – so klein und schwach es auch sein mag – wie Finger sind, die anderen Menschen einen Gott zeigen, der größer und besser und mächtiger ist, als sie gedacht hatten. Das bedeutet, ihn zu verherrlichen, während Sie dort in diesem Bett liegen, in diesem Rollstuhl sitzen oder in dieser Depression durchhalten.

Ihr Leiden hat heute und in Ewigkeit Bedeutung. Darum geht es in Dianes Lieblingsvers. Ihr jetziges Leiden ist es nicht wert, mit der Herrlichkeit verglichen zu werden, die in Ihnen offenbar werden wird. Wie kann das sein? Einsamkeit, das Gefühl völlig aufgegeben worden zu sein, Schmerz und ähnliches können gegen etwas Teures, Ewiges, Gewichtiges und Reales eingetauscht werden – so vollkommen, daß es sich kaum lohnt, die beiden miteinander zu vergleichen. Gott wird Sie eines Tages dafür belohnen, daß Sie im Leiden durchgehalten haben, ohne in einer anklagenden Haltung zu beharren. Wenn Sie Ihre Wut gegen den Glauben an ihn eintauschen, dann wird Ihr Leben im Himmel großartiger, besser, gewaltiger sein, gerade wegen dieses schweren Leidens.

Gott ist in Ihrem Leben bis zum letzten Augenblick am Werk. Es mag scheinen, daß sich im Leben eines geliebten Menschen, der im Sterben liegt, nichts mehr verändert, oder im Leben eines Komapatienten oder eines schwerstbehinderten Menschen. Aber Gott ist nicht verhindert, sein Werk im Leben eines Menschen zu vollenden, nur weil nichts mehr zu passieren scheint. Gottes Werk ist geistliches Handeln, oft ganz unabhängig von Gehirnaktivität, Nervenbahnen oder Muskeln. Erst die Ewigkeit wird die Vollendung zeigen.

Das Leben ist vergänglicher, als wir denken. Wir tun, als sei diese Welt alles, was es gibt. Kein Wunder, daß wir uns nicht um die Ewigkeit kümmern. Wir brauchen die Perspektive des Psalmisten, der gesagt hat: „Herr, zeige mir, wie kurz mein Leben ist und daß mein Ende unausweichlich kommt; mach mir bewußt, wie wenig mir noch bleibt! Die Länge meines Lebens – ein paar Handbreit, ein Weilchen nur, ein Nichts in deinen Augen. ... Der Mensch kommt und geht und gleicht darin dem Traumbild; er ist geschäftig und lärmt – für nichts; er sammelt und speichert und weiß nicht, wer's bekommt." (Ps 39,5-7 Gute Nachricht)

Die Kürze des Lebens sollte uns die Augen darüber öffnen, was ein Leben jenseits der Zeit bedeutet. Wenn Sie Ihren Schmerz in dieser Perspektive sehen, scheint nicht nur die Zeit kürzer zu werden, sondern das Leiden hat auch ein sichbares Ende.

Das Sterben ist Ihr letzter Weg. Aller menschlicher Kraft, geistig wie körperlich, entledigt zu werden, ist Teil des Prozesses, den George MacDonald als ein „Sich-umkleiden für das letzte, schöne Bett" umschrieben hat. Wenn wir im Glauben an Gott sterben, lassen wir unsere ständigen Forderungen nach irdischen „Hüllen" zurück und werden „angetan" mit Unsterblichkeit.[32]

Gott weiß, daß Sie auf ein Danach zusteuern. Menschen ohne Gott, die ihrem Leben ein verfrühtes Ende setzen, in der Hoffnung Erleichterung zu finden, werden im Danach nur unendliche und völlige Enttäuschung erleben. Für diejenigen, die an Jesus glauben, wird der Sterbeprozeß zum bedeutsamsten Weg ihres Lebens. Ihnen gehört ein Danach mit mehr Freude, als sie sich je vorstellen können.

Gott weiß, daß Sie im Hier und Heute wertvoll sind

Ich habe einmal Dr. J.L. Packer, einen prominenten evangelischen Theologen, in die Ecke getrieben und gefragt: „Was würden Sie einem schwerstbehinderten Mann mit zerebraler Kinderlähmung raten, der völlig bettlägerig und sprachlos ist und ins Hinterzimmer eines Pflegeheims verbannt wurde? Niemand besucht ihn und keine der Schwestern nimmt sich Zeit, um von seiner positiven Einstellung zu profitieren. Was kann dieser behinderte Mann tun?" Ich kannte genügend Beispiele aus dem wirklichen Leben, daher war die Frage nicht hypothetisch.

Dr. Packer faltete seine Hände, dachte einen Moment nach

und sagte dann: „Solch ein Mann kann Gott anbeten und ihn verherrlichen."

Diese Antwort klang fast so, als würde Dr. Packer dem Behinderten fromm den Kopf tätscheln und sein Los mit übertrieben himmelwärts gerichteten Phrasen herunterspielen. Aber ich bin genügend Behinderten, wie diesem Mann mit zerebraler Kinderlähmung, begegnet, um zu wissen, daß Dr. Packer recht hat. Und ich habe lange genug in die Bibel geschaut, um zu wissen, daß es gut ist, seinen Rat zu befolgen.

Ich denke an Tracy Traylor, eine hübsche blonde College-Studentin, die eine schwere Kopfverletzung erlitt und fünfeinhalb Monate im Koma lag. Sie erwachte aus dem Koma und war nicht in der Lage, zu gehen oder so klar zu reden, daß irgend jemand, außer ihrer Familie, sie verstand.

Ich traf Tracy und ihre Mutter auf einer Konferenz. Tracy, die zusammengesunken in ihrem Rollstuhl saß, hob ihren wackeligen Kopf ein wenig und schob etwas in ihrem Schoß zu mir hin. Es war eine Halskette aus Ton und bunten Perlen, und in eines der Tonstücke war das Relief eines springenden Hirsches eingedrückt.

„Oh Tracy", sagte ich, „das ist wunderschön. Vielen Dank für dieses Geschenk."

„Meine Tochter hat auf dem College Design studiert und sagt mir, wie ich jedes der Schmuckstücke herstellen soll", erklärte ihre Mutter stolz. Ich konnte mir kaum vorstellen, was für eine Anstrengung es die beiden kostete, sich zu verständigen.

In diesem Moment entdeckte ich einen Vers, der auf einem Stück Papier an der Halskette befestigt war. Es war Jesaja 35,4.6: „Gott kommt und wird euch helfen ... Dann werden die Lahmen springen wie ein Hirsch ..." Ich konnte meine Tränen nicht zurückhalten. Obwohl Tracy nicht reden konnte, sprach ihr Lächeln Bände. Ihre helle und leuchtende Hoffnung sprang auf mich über. Ich blickte zu den Hunderten von Menschen umher, die an uns vorbeieilten; keiner von ihnen kannte die kraftvolle Botschaft der jungen Frau im Rollstuhl.

Es kann sein, daß Millionen von Menschen die liebevolle Art dieses Mädchens egal ist, aber es gibt einen, der sich so entscheidend um sie kümmert, der ihr einen Sinn gibt. „Jetzt sollen alle Mächte und Gewalten an der Gemeinde die unendliche Weisheit Gottes erkennen." (Eph 3,10 Hoffnung für Alle)

Ob dieses tiefe Vertrauen zu Gott an einer hirnverletzten Studentin oder an einem einsamen, ins Hinterzimmer verbannten Mann sichtbar wird, ihre Geduld und Ausdauer zählen. Gott zeigt auf die friedvolle Haltung leidender Menschen, damit andere daran lernen. Er bringt nicht nur denen etwas bei, mit denen wir es täglich zu tun haben, sondern auch unzähligen Millionen von Engeln und Dämonen. Die Himmelsheere sind voller Verwunderung, wenn sie sehen, wie Gott leidende Menschen durch seinen Frieden erhält.

Es interessiert Gott nicht nur, *daß* Sie leben, sondern *wie* Sie leben.

Man kann Gott vertrauen, auch wenn man dafür keine Erklärungen hat

Die Nachricht war hingekritzelt und vom Regen verwaschen: „Laurel Ledford muß mit Ihnen reden." Wir trafen uns in einem Büro des Einkehrzentrums, wo ich einen Vortrag halten sollte. Ich war überrascht, als sie den Raum betrat und ihr drei Monate altes Baby auf dem Arm trug. Es war kalt und windig, nicht gerade ein Wetter, um mit einem Kleinkind ins Freie zu gehen. Aber andererseits war es für Laurel nicht einfach, für ihren Sohn mit Spina bifida einen Babysitter zu finden. Sie saß mir in einem dicken Pullover gegenüber und hielt ihr behindertes Kind in Decken gepackt.

Laurel erzählte mir ihre Geschichte, ein Vorfall nach dem anderen, begleitet von tiefen Enttäuschungen. Zunächst waren sie umgezogen und hatten alles verkauft, damit ihr Mann zur Schule gehen konnte. Dann hatten sie ein Kind, namens Stephen, bekommen. Als nächstes war sie mit einem Mädchen schwanger, hatte jedoch eine Fehlgeburt. Dann eine weitere. Direkt nach dem Abgang des zweiten Kindes wurde sie aus Versehen erneut schwanger. Im sechsten Monat dieser Schwangerschaft mußte ihr Mann sich operieren lassen, was ihre ohnehin schon knappe Kasse noch mehr belastete.

Sie zupfte an den Decken ihres kleinen Jungen herum und sagte unter Tränen: „Ich dachte, ich könne es ertragen, noch ein Kind zu verlieren. Aber ein Kind mit Geburtsschaden, damit könnte ich sicher nicht zurechtkommen. Kurze Zeit danach sagte mir mein Arzt, daß das Baby, das ich trug, durch einen Wasserkopf und Spina bifida schwer geschädigt war. Er sagte mir, es gäbe die Möglichkeit, eine Spontangeburt einzuleiten."

„Sie meinen eine Abtreibung?"

Laurel nickte. In Gedanken fügte ich den Begriff „Spontangeburt" der Liste schönklingender Verschleierungen hinzu.

„Aber ich wollte mein Baby *nicht* verlieren", sagte sie. „Trotzdem hatte ich in dieser Zeit Depressionen und Selbstmordgedanken. Ich verbrachte einen langen, grauen Mittelwest-Winter auf dem Sofa mit ständigem Fernsehen."

Laurel erzählte weiter, daß sie nach der Geburt von David, ihrem Baby mit Spina bifida, weiter mit Hoffnungslosigkeit zu kämpfen hatte. „Die Größe von Davids Kopf war schrecklich, und ich hatte zu kämpfen, ihn überhaupt annehmen zu können. Ich wollte ihn weder haben noch mögen. Ich fühlte mich so schuldig und verwirrt."

Ich mußte unterbrechen. „Was hat sie dazu gebracht, durchzuhalten?"

Laurel hob David auf ihren Schoß, um nachzudenken. „Ich pflasterte unsere Wände mit Bibelworten. In Psalm 34 heißt es: ‚Der Herr ist nahe denen, die zerbrochenen Herzens sind, und hilft denen, die ein zerschlagenes Gemüt haben.'" Dann war sie einen weiteren, langen Augenblick still. „Aber manchmal bin ich immer noch so deprimiert. Es ist alles so unverständlich und sinnlos."

Da hatte sie recht. Jegliche Information, die ich Laurel in diesem Moment hätte geben können, hätte nach bloßem Klischee geklungen. Manchmal scheint das widerfahrene Leid so gewaltig, daß alle guten Seiten, die es daran möglicherweise gibt, es nicht aufwiegen können. Die Puzzleteile des Leidens passen nicht immer zusammen. Manchmal gibt es keine befriedigenden Erklärungen. Als Laurel ihre Lippen an die herausgewölbte Stirn des kleinen David preßte, dachte ich einen Vers aus 5. Mose 29,28: „Was verborgen ist, ist des Herrn, unseres Gottes."

„Joni", sagte Laurel und riß mich aus meinen Gedanken. „Wie soll ich dem morgigen Tag entgegentreten?" Ihre feuchten braunen Augen sahen mich so flehend an.

Ich holte tief Luft. „Ich muß zugeben, das frage ich mich auch. Ich kippe um, wenn ich daran denke, die nächsten 25 Jahre im Rollstuhl zu verbringen. Aber Gott erwartet von mir nicht, daß ich das akzeptiere, was in 25 Jahren vielleicht mit mir geschehen wird – oder eben auch nicht."

Laurel schaute mich fragend an.

„Gott gibt uns nicht die Kraft, mit den Kopfschmerzen des gesamten nächsten Jahres zu leben, oder auch nur mit dem Herzeleid des nächsten Monats. Er leiht Ihnen nicht mal so viel Kraft, dem nächsten Tag entgegenzusehen. Er gibt Ihnen und mir nur so viel Kraft, daß wir dem heutigen Tag entgegentreten können. Ich lebe von einem Tag zum nächsten."

Sie nickte, als habe sie verstanden.

„Ich bin sicher, daß Jesus deshalb gesagt hat: ‚Darum sorgt nicht für morgen, denn der morgige Tag wird für das Seine sorgen. Es ist genug, daß jeder Tag seine eigene Plage hat.' (Mt 6,34) Sie werden dem Morgen entgegentreten müssen, Laurel, ohne die Antworten auf Ihre Fragen zu wissen. Das Beste, was wir beide tun können, ist, an dem Einen festzuhalten, der alle Antworten kennt."

Wir verbrachten den Rest unserer gemeinsamen Zeit mit Schweigen und lauschten die meiste Zeit, wie David sanft atmete und gelegentlich seufzte. Wir spürten beide, daß genug gesagt worden war. Doch in der Stille wuchs ein Band zwischen uns. Nach einer Weile umarmten wir uns und nahmen Abschied voneinander.

Etwa einen Monat später bekam ich einem Brief von Laurel. Das Leben war nicht leichter geworden. Eines Abends war Stephen, ihr älterer Junge, verschwunden. Sie war krank vor Angst. Die Nachbarn wurden angerufen, die Polizei benachrichtigt und die Suche begann. Als Laurel hörte, wie der Streifenwagen die Hundestaffel rief, brach alles über ihr zusammen. „Es war, als würde mir ein Dämon ins Ohr schreien: ‚Tu es jetzt! Bring dich um! Zerschlage das Fenster und schneide dir die Pulsadern auf!'"

Eine halbe Stunde später wurde ihr Sohn gefunden. Er hatte sich die ganze Zeit im Haus versteckt.

Warum? Welchen Grund konnte es für diese Qual und Schmerzen geben? Es gibt keine Antwort. Aber ich entdeckte ein P.S. am Schluß ihres Briefes, eine Nachricht, die besser war als alle Antworten: „Ich versuche, jeden Tag wenigstens einen Menschen zu erreichen und für ihn etwas zu tun, was für die Ewigkeit zählt. Es funktioniert!"

Es geht in Ihrer Entscheidung um Gott persönlich

Laurel hatte in einem Augenblick den Teufel in ihren Ohren kreischen hören, und im nächsten Augenblick hatte sie gehört, wie Gott ihr ins Ohr flüsterte. Sollte sie ihre Ohren vor den Lügen des Teufels verschließen oder vor dem Reden Gottes? Laurel steht fast täglich am Rand zur Ewigkeit – deshalb sieht sie jeden Tag als Entscheidung. Und ihr Entschluß geht weit über die Frage hinaus, ob sie auf die Worte hören soll, die sagen: „Tu's! Tu's! Mach Schluß mit deinem Leben!"

Laurel und viele andere, die versucht worden sind, all das

Leid zu verkürzen, beißen die Zähne zusammen und entscheiden sich jeden Tag neu für das Leben. Für diese Freunde besitzt das Leben einen Wert, jetzt und im Danach.

Es ist etwas, woran sie sich jeden Tag erinnern. Es ist ein Entschluß, dem sie folgen, ein Entschluß, in dem es um Gott geht.

TEIL 3
Zeit zu sterben

8 Lebenserhaltung und nicht Sterbeverlängerung

Mein Vater hätte als Cowboy auf den weiten Ebenen aufwachsen müssen. Fast wäre es auch so gekommen. Im Jahr 1900 geboren, führte er das Leben eines Zureiters, der mit den Indianern im Nordwesten der USA Handel trieb und die höchsten Gipfel der Rocky Mountains erklomm. Ich wollte unbedingt in seine Fußstapfen treten: schnelle Pferde reiten, im Hochgebirge wandern und unter dem Sternenzelt kampieren. Dad war mein Held.

Als ich klein war, nahm er mich und meine Schwestern einmal ins Kino mit, um einen Film über Eskimos anzuschauen, *The Young Savages*. Ich machte mir Sorgen wegen einer Szene, in der ein älterer Eskimo, der im Sterben lag, auf einer Eisscholle zurückgelassen wurde. Wir sprachen auf dem Weg nach Hause darüber, und obwohl ich mich an die Worte meines Vaters nicht mehr erinnern kann, wußte ich, daß Daddy wahrscheinlich den gleichen Weg gewählt hätte.

Ich vergaß den Film, bis mein Vater Jahrzehnte später durch eine Reihe von Schlaganfällen körperlich und geistig geschwächt wurde und schließlich völlig bettlägerig war. Es war der lange befürchtete Alptraum, den wir als Jugendliche immer aus unseren Gedanken verbannt hatten. Unser neunzigjähriger Dad war nur noch ein Schatten seiner selbst. Sein verkrüppeltes, knochiges Äußeres konnte den ungebrochenen Geist, der aus seinen blauen Augen blinkte, nicht verbergen, und der Gedanke daran, daß unser Daddy wahrscheinlich in einem Jahr, oder ein paar Monaten oder Wochen sterben würde, brach uns das Herz.

Unser Haus in Maryland wurde verkauft. Mutter zog mit Dad zusammen nach Florida, wo er in einem freundlichen, kleinen Pflegeheim wohnte. Mom ging jeden Morgen zu Fuß vom Haus meines Onkels zum Pflegeheim, um nach den Bedürfnissen ihres Mannes zu sehen, und kehrte abends zurück, wenn er schlafen gelegt wurde. Meine Schwestern und ich kamen oft zu Besuch und Linda, Jay und Kathy dehnten ihre Besuche meist aus, damit sie Mutter und Dad helfen konnten.

Dann, in einem Zeitraum von weniger als zwei Wochen, änderte sich die Situation schlagartig. Mein Vater baute sehr schnell ab. Er wurde ins Krankenhaus gebracht. Eine Infusion wurde angelegt. Der Schlauch wurde später entfernt, weil sein Körper anschwoll und die Lungen sich füllten. Er wurde ins Pflegeheim zurück geschickt. Unsere Familie war völlig erschöpft. Wir rangen und besprachen uns mit den Ärzten. Nach viel Gebet und einer schmerzlichen Diskussion, trafen wir eine Entscheidung: keine künstliche Ernährung. Es war eindeutig, daß Daddy im Sterben lag, und wie ich meinen Vater kannte, hätte er es nicht gewollt, daß der Prozeß seines Sterbens verlängert würde. Meine Schwestern und Mom kümmerten sich in seinen letzten Tagen liebevoll rund um die Uhr um Daddy, sie übernachteten neben seinem Bett auf Sofakissen und gaben ihm das wenige Wasser, daß er aufnehmen konnte.

Wenige Tage später erhielt ich einen Anruf von Jay. Daddy war tot. Ich saß einem langen Augenblick da, dann brachte ich meine Gedanken zu Papier.

In diesem kleinen Pflegeheim hatte meine Mutter über eineinhalb Jahre lang am Bett meines Vaters Wache gehalten, ihm tagtäglich geholfen und dabei alten Menschen in jedem der Flure die Freude Gottes spüren lassen. In dieser letzten Woche habe ich mich meinen Schwestern und Mom dort angeschlossen. Es war eindeutig, daß Dad sehr schnell abbaute.
Ich mußte nach ein paar Tagen abreisen – es war ein schmerzhafter Abschied, zu wissen, daß ich meinen Vater diesseits der Ewigkeit nicht mehr würde wiedersehen. Aber nun, nur wenige Tage später, haben sie angerufen, um mir zu sagen, wie Dad sich meiner Mutter zugewandt hatte. Zum ersten Mal seit Tagen hatte er seine blauen Augen geöffnet, sie lang und tief angelächelt und sie einen Moment lang voller Sehnsucht angesehen, was sie als „Leuchten" beschrieben. Es muß das Leuchten der Gegenwart Gottes gewesen sein, denn danach ... starb er.
Meine Mutter, meine Schwestern, ein Beschäftigungstherapeut und eine Krankenschwester reichten sich um sein Bett herum die Hände und sangen ein Loblied. Dann liefen meine Schwestern durch alle Gänge und verkündeten den Leuten: „Daddy ist gerade in den Himmel gegangen, um beim Herrn zu sein ... Ist das nicht toll?"

Wenn es an's Sterben geht, brauchen wir die Weisheit Gottes

Wer hätte es sich je träumen lassen, daß der Tag kommen würde, wo die Familie eines sterbenden, geliebten Menschen, ein medizinisches Fachwörterbuch studieren muß, um zu begreifen, was „Sterben" eigentlich ist. Wir alle wünschten, sterben wäre so einfach zu verstehen wie der Vers: „Ich bin nackt von meiner Mutter Leib gekommen, nackt werde ich wieder dahinfahren. Der Herr hat's gegeben, der Herr hat's genommen; der Name des Herr sei gelobt." (Hiob 1,21)

Es scheint einfach. Gott gibt das Leben, Gott nimmt das Leben, und zwischen beiden Vorgängen ist eine klare Linie. Aber wo ist diese Linie? Hat die moderne Technologie der Art, wie Gott Leben gibt und nimmt, einen Knüppel zwischen die Beine geworfen? Hat die moderne Medizin Gott mit Problemen konfrontiert, auf die nicht einmal er eine Antwort hat?

Wenn Gott dem Menschen Mittel gegeben hat, um Leben zu erhalten, dann wird seine Weisheit auch dort nicht am Ende sein. Gott wird nicht sagen: „Nun Leute, ich weiß nicht, was ich mit diesen Apparaten und Behandlungsmethoden anfangen soll, die ihr erfunden habt. Sie sind mir zu neu. Ihr werdet diese Entscheidungen schon selbst fällen müssen, denn ich kann das alles nicht begreifen und noch viel weniger kann ich euch meine Weisheit anbieten."

So ist Gott nicht. Wenn er dem Menschen die Gabe gibt, im Interesse des Lebens zu forschen und zu erfinden, dann wird er auch für die dazu nötige Weisheit sorgen. Und die Frage, bei der wir Gottes Weisheit brauchen, lautet: *Was ist der Unterschied dazwischen, einen Menschen mit all dem zu versorgen, das ihm zusteht, und im Gegensatz dazu, den Prozeß seines Todes künstlich zu verlängern?*

Die meisten von uns hätten es gern, daß andere die ethischen Entscheidungen treffen und uns die Unterschiede glasklar darlegen. Manche suchen diese Weisheit, indem sie die statistische Mehrheit befragen und danach forschen, was „die meisten" tun würden. Andere folgen ihren Gefühlen, was dann von Sätzen wie „Ich weiß, was richtig ist, aber frag mich nicht woher" bis hin zu „Ich hab in dieser Sache völlig recht" reicht. Viele Menschen verlassen sich auf ihr Gewissen, was etwas besser ist, als nach dem Gefühl zu handeln, aber bei weitem noch nicht ausreicht. Nichts davon ist zuverlässig, denn Gefühle sind unstet, die Mehrheit hat oft unrecht und die Instanz des Gewissens ist nur so vertrauenswürdig wie seine schwächste Stelle. Wir brauchen einen zuverlässigeren Punkt, wo wir Weisheit finden können.

Gott gibt die nötige Weisheit für ein konkretes Problem

Die Bibel ist voll von Gottes Weisheit. Und aus ihr können wir Weisheit ableiten – d.h. die Kraft zur vernünftigsten Vorgehensweise, auf der Basis von Wissen und Erfahrung.[33]

Erstens gibt es definitive Gebote und Verbote in der Schrift. „Du sollst nicht töten", ist ziemlich direkt. Wo es jedoch keine biblischen Anweisungen gibt, muß man genauer hinschauen. Einige Handlungsweisen sind vom Wort der Schrift her zu empfehlen, andere erlaubt und wieder andere verboten. Die Bibel ist ein dickes Buch, und man muß schon etwas darin forschen, um eindeutige Gebote von Empfehlungen unterscheiden zu können.

Zweitens müssen wir, da die Bibel ein Buch für das praktische Leben ist, die vielen unterschiedlichen Situationen, mit denen ein Mensch heute konfrontiert sein kann, in Betracht ziehen. Die Anwendung eines Beatmungsgerätes mag in einem Fall gut sein und in einem anderen schlecht. Dialyse mag für den einen Menschen angebracht sein, für einen anderen jedoch nicht. Chemotherapie mag für den einen genau das Richtige, für den nächsten aber verkehrt sein. Radikale Amputationen mögen bei einem siebzehnjährigen Mädchen mit Diabetes vielleicht als normale Behandlungsmethode angesehen werden, für einen Neunzigjährigen, der mit Diabetes kämpft, mögen sie hingegen erfolglos und belastend sein.

Wenn wir diese Situationen betrachten, müssen wir sehen, was die Schrift zu einer ganz bestimmten Situation sagt, um zu erkennen, was ethisch richtig ist.

Gehen wir also zurück zu dem Beispiel mit dem Beatmungsgerät. Es mag einfach erscheinen, die lebenserhaltenden Systeme abzuschalten, aber die Schrift verlangt von uns, daß wir unser Urteil am Wort Gottes prüfen. Schauen wir genau hin: Die Schrift sagt, das Leben ist kostbar. Sie sagt, daß leidende Menschen den vollen Zugang zur Gnade Gottes haben sollen, daß die Liebe zu Gott und die Liebe zu anderen wesentlich sind, daß die Motive wichtig sind, daß nicht gegen das Gewissen gehandelt werden darf, und so weiter.

Diese Richtlinien, und andere aus der Schrift, haben einen

mächtigen Einfluß darauf, ob wir die Freiheit haben, den Stecker zu ziehen oder nicht. Sie sollten uns in jeder Situation leiten und Schluß machen mit einer schludrigen Ethik und „schwerwiegenden ethischen Entscheidungen".

Darum geht es bei der Weisheit: sich des Wissens und der Erfahrung zu bedienen, um die vernünftigste Vorgehensweise herauszufinden – richtig? Richtig. Und als meine Familie nach Weisheit suchte für Daddys Situation, war es hilfreich, einen Vers aus dem Regal der Theorie nehmen zu können und ihn im Krankenhaus, wo wir unsere Entscheidungen fällen mußten, anzuwenden.

Eine gute Stelle über Weisheit ist Jakobus 1,5 (Gute Nachricht): „Wenn aber einer von euch nicht weiß, was er *in einem bestimmten Fall* tun muß, soll er Gott um Weisheit bitten. *Gott wird sie ihm geben* ... Er muß Gott aber im festen Vetrauen bitten und darf nicht im gerinsten zweifeln."

In diesem Vers gibt uns Gott schon mit die halbe Antwort auf unser Problem. Wie der Vers sagt, verspricht uns Gott, daß er unser Gebet um Weisheit *für eine bestimmte Sache* erhört – d.h. Weisheit zugeschnitten für das Problem, mit dem wir konfrontiert sind. Wir brauchen maßgeschneiderte Weisheit, um die feinen Unterschiede zwischen Leben und Sterben zu erkennen. Und weil es um Leben oder Tod eines menschlichen Wesens geht, ist jede Unterscheidung subjektiv und mit Sicherheit nicht objektiv. Jede Situation ist anders und jeder Mensch einzigartig.

Wenn es also um die Frage geht, ob „der Stecker gezogen wird", dann verschwenden Sie Ihre Zeit nicht damit, nach Eins-zwei-drei-Regeln zu suchen oder nach einer sauberen Liste mit dem, was „man" tut oder nicht. Meine Familie konnte Dad nicht die Erfahrungen anderer Familien in diesem Pflegeheim überstülpen. Genauso können Sie nicht die Entscheidung meiner Familie nehmen und sie wie eine Schablone auf die Situation Ihrer Familie legen. So funktioniert das nicht. Selbst Dr. C. Everett Koop, der frühere Gesundheitsminister der USA hat gesagt: „Auf keinen Fall kann es ein festes System von Regeln geben, um diesen Umstand zu regeln. Richtlinien sind vielleicht möglich, nicht jedoch Regeln."[34]

Aber lassen Sie sich nicht unterkriegen, und werfen Sie nicht verzweifelt die Arme in die Höhe. Ihr Prozeß, zu einer ganz persönlichen Entscheidung zu kommen, ist Ihnen so nahe wie Ihr Arzt, Ihre Familie und Ihr Pfarrer. Die Einsicht für die nötige Unterscheidung kann aus der Erfahrung eines sorfältigen Arztes gewonnen werden, aus dem Zustand des Sterbenden und aus dem, was Familie und Seelsorger einbringen. Geschichtlich betrachtet wurden Entscheidungen um Leben und Tod immer so getroffen. „Wo viele Ratgeber sich einig werden, da ist Sicherheit." (Spr 11,14 Gute Nachricht) Von einem Arzt, der die Fakten kennt, bekommen wir Weisheit, genauso wie von einem Patienten, der seinen Willen genannt hat, einer Familie, die sich zu allererst um den geliebten Menschen kümmert, und von einem Pfarrer, der gottgemäße Weisungen geben kann.

Eine gute Beziehung zwischen Arzt, Patient, Familie und Pfarrer kann zum Brunnen der Weisheit werden. Aber unterstreichen Sie dick das Wort *Beziehung*. Unglücklicherweise wurden Fürsorge, Vertrauen und Zuversicht, die einst die enge Beziehung zwischen Arzt und Patient und Familie kennzeichneten, durch neue industrielle Maßstäbe ersetzt. Der Arzt ist nun einer, der Krankenversorgung bietet und uns, den Konsumenten, bezahlte Dienste zur Verfügung stellt. Selten findet man Ärzte und Familien, die ihre Beziehung auf Vertrauen, Zeit und Engagement aufbauen. Und dieses Vertrauen, gekoppelt mit einer engen und persönlichen Beziehung, ist nötig, um zu erkennen, was für einen sterbenden Angehörigen das Beste ist.

Wenn Sie den Eindruck haben, Ihr Arzt habe zu Ihnen nur ein geschäftliches Verhältnis, dann ist es vielleicht Zeit, den Arzt zu wechseln.

Weisheit im Umgang mit Leben und Tod

Jakobus 1,5 läßt auch darauf schließen, daß viel Weisheit bereits offenbart ist. Erinnern Sie sich an diese Gebote? Die offensichtlichen Grundsätze, was zu tun und was zu lassen ist? Das Leben ist etwas Gutes und Gottgegebenes; das ist die grundlegendste und durch nichts ersetzbare Voraussetzung menschlichen Lebens. Gott ist der erste, der gesagt hat: „Wähle das Leben!" (5.Mose 30,19) Daher ist es immer ratsam, den Weisungen zu folgen, die für das Leben eines Menschen vorteilhaft sind.

Aber ist es weise, einen Menschen, der in den letzten Todesqualen liegt, mit immer noch mehr Behandlungen und Maschinen vollzupumpen? Natürlich nicht. Das Sterben beginnt, wenn ein Mensch schnell und unwiederbringlich verfällt: ein Mensch, dem der Tod unmittelbar bevorsteht, ein Mensch, für den es keine begründete Hoffnung auf Besserung mehr gibt. Solche Menschen haben ein Recht darauf, daß ihr Tod nicht hinausgezögert wird.[35]

Es muß hier nicht so sehr zwischen Leben und Tod unterschieden werden, sondern zwischen Leben und Sterben. Es gibt in medizinischen Fachwörterbüchern ganze Seiten, die sich damit auseinandersetzen, zu definieren, wann der Tod unmittelbar bevorsteht. Aber weil diejenigen, die „im Sterben liegen" einzigartige menschliche Wesen unter einzigartigen Umständen sind, ist es unmöglich, genau festzulegen, wann der Sterbeprozeß beginnt. Die International Anti-Euthanasia Task Force sagt, daß der Zeitraum des unmittelbar bevorstehenden Todes Tage, vielleicht aber auch Stunden dauern kann. In einigen amerikanischen Bundesstaaten haben Gerichte jedoch den Zeitraum des unmittelbar bevorstehenden Todes auf Wochen, ja sogar Monate ausgedehnt! Deshalb ist die gute Beziehung zum Hausarzt Ihrer Familie so wichtig. Sie müssen die Fakten so klar wie möglich erkennen können.

Es gibt jedoch einen Punkt, ab dem es sinnlos und sogar belastend ist, sich mit allen gerichtlichen Mitteln gegen den Tod zu wehren und jede letzte Behandlungsmöglichkeit unseres hochtechnisierten Zeitalters auszunutzen. Dr. Koop rät: „Wenn jemand im Sterben liegt und daran kein Zweifel besteht, und wenn Sie, wie ich, glauben, daß es einen Unterschied gibt, auf der einen Seite einen Menschen mit all dem zu versorgen, was er zum Leben braucht, und auf der anderen Seite, den Prozeß des Sterbens zu verlängern, dann kommt vielleicht ein Moment, wo Sie sagen werden: Dieser Mensch kann eine bestimmte Menge Flüssigkeit durch den Mund aufnehmen. Wir werden die Infusionen nicht fortsetzen, denn dieser Mensch ist im Begriff zu sterben."[36]

Allein darum geht es, wenn wir von einem „würdevollen Tod" reden.

Okay, es ist also möglich, Weisheit zu bekommen, um zwischen Leben und Sterben zu unterscheiden. Was machen wir nun mit dieser Weisheit? Jakobus 1,5 geht so weit, uns davor zu warnen, um Weisheit zu bitten, wenn wir gleichzeitig im Verborgenen Zweifel haben. Über diesen Punkt stolpern viele Menschen.

Gott verlangt von uns, daß wir unsere Motive prüfen. Manche Menschen möchten vielleicht in ihrem Herzen, daß ein geliebter Mensch stirbt, damit die Familie in ihrem Leid Entlastung findet; oder aus wirtschaftliche Gründen, oder sogar, um es dem Pflegepersonal oder der Gesellschaft leichter zu machen. Denken Sie an das, was Dr. Koop gesagt hat: „Die ganze Frage der Euthanasie läßt sich mit einem Wort zusammenfassen: Motivation." Wenn Angehörige darauf bestehen, daß Infusionen und künstliche Ernährung verweigert oder eingestellt werden, weil „Vatis beste Jahre dafür draufgehen, Mutter zu pflegen" oder weil „sie diesen Notgroschen für uns gespart haben, und nicht damit er für Krankenhausrechnungen draufgeht", dann könnten die heimlichen Zweifel Vorrang vor der Weisheit Gottes bekommen.

Wie ist das mit lebenserhaltenden Systemen?

Wie man diese Weisheit entdecken kann, um meinem Vater leben zu helfen und ihn sterben zu lassen, das hat meine Familie beim Sterben meines Vaters gelernt. Den Hungrigen Nahrung und den Durstigen Wasser zu geben, ist eine Forderung ganz normaler Mitmenschlichkeit. Und selbst als deutlich war, daß mein Vater in diesen unwiderruflichen Sterbeprozeß eingetreten war, wollten wir es ihm so angenehm wie möglich machen. Das ist der Teil der Weisheit Gottes, der uns barmherzige Fürsorge gebietet. Das ist eines der Gebote der Schrift.

Die Ärzte sagten uns jedoch, daß es Situationen gibt, in denen das Einflößen von Nahrung oder Wasser, ob durch den Mund oder per Schlauch, sinnlos und über die Maßen belastend ist. Rita Marker von der International Anti-Euthanasia Task Force sagt: „Ein Patient, der dem Tod sehr nahe ist, mag in einem so schlechten Zustand sein, daß Flüssigkeiten ein großes Maß an Beschwerden hervorrufen oder vom Körper gar nicht aufgenommen werden. Nahrung kann u.U. nicht mehr verdaut werden, weil der Körper beginnt, sich im Sterbeprozeß zu verschließen. Es kommt ein Moment, in dem ein Mensch unmittelbar sterben wird."[37]

Die Christian Medical Society bestätigt, daß „in außergewöhnlichen Fällen die künstliche Ernährung das Leiden eines Patienten während des Sterbeprozesses verstärkt".[38] Mein Vater war dafür ein Beispiel – hätte er die Infusionen besser vertragen und wäre er nicht im Streben gewesen, dann hätten wir es mit völlig anderen Umständen zu tun gehabt. Aber wir als seine Familie kannten seine Bedürfnisse und Wünsche; wir wußten, auf welche Weise er vermutlich sterben wollte. Wir stellten uns die wichtigen Fragen: Sind wir sicher, daß er tatsächlich im Sterben liegt? Sind unsere Motive aufrichtig? Unser Gewissen unbelastet? Hatten wir gründlich genug nach dem Rat unseres Arztes und unseres Seelsorgers gefragt? Waren wir vom Willen Gottes in dieser Situation überzeugt? Und die wichtigste Frage: Waren wir sicher, daß unser Dad in Jesus Christus erlöst worden war?

Ja. Ja, hieß die Antwort auf alle diese Fragen. Und so handelten Kathy, Jay und meine Mutter nach ganz elementarer Menschlichkeit, indem sie Daddys Lippen mit Eisstückchen befeuchteten, ihm halfen etwas Saft zu nippen, wenn er dazu in der Lage war, und, soweit möglich, sogar etwas klare Brühe.

Natürlich, wenn mein Vater massive Behandlung gegen Schmerzen benötigt hätte, hätten meine Familie und die Ärzte alles Nötige getan, um es ihm angenehm zu machen. Es ging meinem Vater aber auch ohne medikamentöse Behandlung erträglich. Sprüche 31,6f (Gute Nachricht) spricht sich jedoch sehr deutlich für die Anwendung starker Schmerzmittel aus: „Bier und Wein sind gut, für den, der am Ende ist; der mag sich betrinken und seinen Kummer vergessen." Im Sinnzusammenhang der Sprüche ist Wein etwas Schlechtes und Verabscheuungswürdiges, aber in diesen beiden Versen werden seine betäubenden und schmerzlindernden Eigenschaften für die Sterbenden oder die mit Kummer Beladenen empfohlen.

Das waren die Entscheidungen, die wir nach dem *Verständnis* der Schrift und in der *Situation* meines sterbenden Vaters gefällt haben. Wie ist das aber bei den Familien, wo sich Angehörige im Koma oder in einem anhaltenden vegetativen Zustand befinden? Wie sind da künstliche lebenserhaltende Systeme zu beurteilen? Wie ist das mit medizinischer Behandlung und elementarer Pflege von schwerstbehinderten Menschen, bis zu dem Punkt, wo sie durch ein Beatmungsgerät in der Schwebe zwischen Leben und Tod gehalten werden?

Das sind Fragen, die selbst den weisen König Salomo auf die Probe gestellt hätten!

Behinderte Menschen

Dan Piantine stirbt nicht. Er ist ein behinderter junger Mann um die Zwanzig. Das erste Mal als wir uns mit unseren Rollstühlen begegneten, war ich bestürzt über die Schwere seiner Lähmungen und seinen zerbrechlichen, dünnen Körper. Dan war mit einer neuromuskulären Erkrankung geboren worden und hatte daher nie eine gesunde Muskulatur entwickelt. Einige Leute sagten, er wäre besser dran gewesen, wenn er gestorben wäre, statt mit dieser Behinderung zu leben. Aber Dan ist voller Leben, und es bedrückt mich, wenn man sagt, daß er unnütz leide oder in seinem Körper gefangen sei. Solche Phrasen klingen barmherzig, aber sie offenbaren eine tiefe Angst, die eigentlich meint: „Ich hasse es, auf solche Art zu leben."

In unserer kurzen Begegnung vergaßen wir solche Leute. Dan und ich lachten und sprachen über unsere Träume und Hoffnungen und über Gott.

Das zweite Mal begegnete ich Dan an einem regnerischen, windigen Nachmittag, als er an einer durchsichtigen eisernen Lunge lag – ein Herzinfarkt hatte ihn vor kurzem gezwungen, sich öfter hinzulegen. Durch den Kunststoffzylinder konnte ich sehen, daß die Skoliose seinen kleinen Körper stark verbogen und gekrümmt hatte. Ich rückte meinen Stuhl so zurecht, daß ich sein Gesicht im Spiegel über der eisernen Lunge sehen konnte; ich konnte auch sehen, wie das zischende Vakuum seinen kleinen, zerbrechlichen Körper hob und senkte. Der Regen trommelte ans Fenster, und in seinem Zimmer war die Atmosphäre ruhig und gelöst.

„Joni, es gab eine Zeit, da dachte ich es wäre besser, wenn ich tot wäre. Ich dachte darüber nach, die Anschlüsse zu meinen lebenserhaltenden Systemen zu entfernen. Merkwürdig ist, ich empfinde meine eiserne Lunge nicht als lebenserhaltend, weil dazu keine Schläuche, Drähte oder Schwestern nötig sind. Und meine ‚Lunge' ist nicht das, was man eine außergewöhnliche Pflegemaßnahme nennt. Für mich ist das sehr normal. Es ist nur etwas, das mir beim Atmen hilft, wie zum Beispiel bei jemand, der Polio hat."

Ich wußte, was Dan sagen wollte. Was er da beschrieb, war die *nötige* Weisheit, die er in seiner *speziellen* Situation brauchte. Was für manche Menschen eine „außergewöhnliche" Pflegemaßnahme ist, ist für andere ganz „normal". Jeder Mensch ist anders und jede Situation einmalig.

Dan fuhr fort: „Aber Gott hat mir gezeigt, daß es für mich die Definition von Lebensqualität ist, wie er seinen Willen für mein Leben wahr macht. Wie meine Situation auch aussehen mag, Gott kann mich gebrauchen."

„Da sitzen wir im gleichen Boot", lachte ich. Ich wußte, daß Dan sich sehr darum bemühte, seiner Gemeinde etwas über den Zugang zu Gott beizubringen. Sein Herz war voller Ideen und Visionen. Aber sein Körper wurde immer schwächer. Ich dachte über seinen Herzanfall nach und fragte: „Hast du ans Sterben gedacht? Wie wirst du dem entgegensehen?"

„Ich habe eine Erklärung unterschrieben, die besagt, daß ich – für den Fall, daß sich mein Zustand verschlechtert und ich mit der eisernen Lunge allein nicht mehr am Leben erhalten werden kann – jegliche andere Form der Behandlung ablehne. Weißt du, die einzige andere Behandlungsmöglichkeit wäre ein Beatmungsgerät, daß einen Luftröhrenschnitt erforderlich machen würde. Ich habe mit den Ärzten darüber gesprochen und, in Anbetracht meines Zustandes", meinte er, indem er mit seinen Augen auf seinen Körper wies, „denke ich, daß eine künstliche Beatmung unweigerlich mit meinem Tod enden würde, weil ich so viele körperliche Probleme habe. Ich könnte eine ganze Medizinische Fachzeitschrift nur allein über meine Krankheit vollschreiben!"

Er fuhr fort: „Wir haben technologisch so viel erreicht, daß diese absolute Aussage, wann Leben endet und der Tod eintritt, nicht mehr so klar getroffen werden kann. Ich möchte nicht irgendwo in dieser Grauzone festhängen. He, ich behaupte ja nicht, ich hätte das Recht, mich jederzeit von meiner eisernen Lunge loszumachen, genauso wenig wie ich einen Arzt bitten darf, mir eine tödliche Injektion zu verabreichen. Aber wenn es um die Frage geht, wie ich einmal sterben werde ..."

„Da hast du im voraus ein Urteil getroffen", antwortete ich ruhig. Ich wollte keine Debatte mit ihm anfangen über die Entscheidung, welche Art Beatmungsgerät zu benutzen wäre. Dan hatte offensichtlich mit seiner Familie und seinem Pfarrer gesprochen. Er hatte viel mit seinem Arzt diskutiert. Und obwohl ich viele schwerstbehinderte Menschen kenne, die Beatmungsgeräte benutzen, die mit einem Luftröhrenschnitt verbunden sind, und die vehement dafür eintreten würden, daß Dan die Trachetomie machen lassen solle, mußte ich seine Entscheidung akzeptieren.

Warum? Weil Dan die Schrift versteht, er versteht seine Situation und hat sich durch diesen unglaublich schwerwiegenden Entscheidungsprozeß durchgearbeitet. Ich muß Dans Entscheidung respektieren, denn ...

– Er ist *geistig zurechnungsfähig* und in keiner Weise selbstmordgefährdet. Das bedeutet, er hat das gesetzliche Recht, eine Behandlung zu verweigern.

– Sein *Motiv* bei der Ablehnung der Trachetomie ist nicht, seinen eigenen Tod zu beschleunigen, sondern seine Lebenschancen bestmöglich zu schützen.

– Er hat sich mit seinem Arzt beraten, ist ein Experte, was die Behinderung angeht und sich *völlig im Klaren* über seinen Zustand. Er hat die Risiken abgewägt.

Er hat seine Wünsche *besonders deutlich gemacht* und dabei unterstrichen, daß jede weitere Behandlung für ihn außerordentlich belastend wäre.

Und als *Christ* führt Dans Weg in den Himmel.

Als ich Dan an diesem Tag verließ, war es draußen immer

noch grau und windig. Der trübe Nachmittag brachte mich ins Nachdenken darüber, wie ich als Quadriplegikerin dem Tod wohl entgegentreten würde. Wie Dan bin auch ich ein Experte in bezug auf meine Behinderung – eine Rückenmarksverletzung führte zu einer Schwerstbehinderung, aber keinesfalls so schwerwiegend wie bei Dan. Da ich meine Quadriplegie kenne, weiß ich, daß eine künstliche Beatmung mit Sicherheit *nicht* belastend wäre, wenn sie mich, sagen wir mal, durch eine Lungenentzündung bringen würde. Und selbst, wenn ich durch eine Lungenentzündung auf Dauer vom Beatmungsgerät abhängig würde, wäre dies keine maßlos belastende oder sinnlose Behandlung. Meine Güte, ein Beatmungsgerät würde entscheidend zu meinem Weiterleben beitragen! Bei Dan wäre dies nicht der Fall, denn ein Beatmungsgerät könnte zu ernsten und lebensgefährlichen Komplikationen führen.

Wenn ich also ein Beatmungsgerät ablehnen würde, käme das einem Selbstmord gleich. Obwohl wir beide schwerstbehindert sind, ist es ganz offensichtlich, daß meine Situation anders ist als die von Dan. Es gibt keine simplen Regeln, die bei uns dieselbe Entscheidung verlangen.

Daher die Frage: Wann ist die künstliche Erhaltung des Lebens außergewöhnlich und wann ist sie normal? Eine Behandlung, die das Leben wesentlich und auf angenehme Art erhält, ist normal. Eine Behandlung, die nur den Prozeß des Sterbens verlängert oder hinauszögert, kann man als außergewöhnlich ansehen. Wenn ich meine geschwächten Freunde anschaue, die an Beatmungsgeräte, Dialysegeräte oder eiserne Lungen angeschlossen sind, wird deutlich, daß solche unterstützenden Mittel ganz normale Behandlungsmethoden sind. Beatmungsgeräte, „Lungen" und sogar ein Katheter bieten jemandem, wie mir, wesentliche Lebenserleichterung, auch im Vergleich zu den Beschwerden und Kosten.

Aber ein Beatmungsgerät oder ein Dialysegerät oder auch ausgedehnte, teure Operationen könnten bei anderen leicht als außergewöhnliche, belastende Behandlung bezeichnet werden. Hilfsgeräte können in manchen Fällen beschwerlich, kostspielig und nutzlos sein. Das ist eine weitere subjektive Unterscheidung.

Mir gefällt die Art mit der Dr. Koop argumentiert:

„Zum heutigen Zeitpunkt bin ich 70 Jahre alt und in ausgezeichnetem gesundheitlichem Zustand. Wenn meine Nieren morgen nicht mehr mitmachen, sagen wir mal nach einer schweren Infektion, weiß ich nicht, wie lange ich mit einer Dialyse leben möchte. Es wäre dumm und die reine Geldverschwndung, wenn in meinem Alter eine Nierentransplantation gemacht werden würde. Ich würde mich wahrscheinlich dafür entscheiden, meine Angelegenheiten zu ordnen, mich von meiner Familie zu verabschieden und an einer Harnvergiftung zu sterben. Wichtig ist, daß meine Frau und ich genau wissen, wie jeder von uns über das Ende des Lebens denkt – das wird in dem Moment entscheidend sein, in dem es darum geht, eine solche Entscheidung zu fällen und ich nicht mehr dazu in der Lage bin."[39]

Die Richtlinien, die einen Menschen in behindertem Zustand durch den Nebel der Fragen nach Leben und Tod steuern, sind für einen Todkranken fast die gleichen. Ein Aidskranker oder eine Frau mit Krebs oder ein Kind mit zystischer Fibrose kommen vielleicht alle in ihrem Leben an Punkte, wo sie, wie Dan, mit gewöhnlichen Behandlungsmethoden bestens leben können. Aber wie bei ihm wird sich ihr Zustand eines Tages verschlechtern. Sie werden sich ebenfalls fragen: „Meine Ärzte sagen, ich habe nur noch einige Monate zu leben. Lohnt es sich noch, diese schwere Operation durchführen zu lassen?" Diese Menschen werden ihr Bestes tun, um nicht in die Grauzone der Entscheidung zwischen Leben und Tod zu geraten. Sie werden die für ihre spezielle Situation nötige Weisheit brauchen.

Sie werden die Weisheit benötigen, von der Jakobus 1,5 spricht.

Menschen im Koma oder in anhaltend vegetativem Zustand

Manchmal sagt ein Brief alles. So wie dieser von der Mutter eines Jungen, namens Jeremy:

Liebe Joni,
Unser zwölfjähriges Kind, Jeremy, wurde 1986 bei einem Autounfall schwer verletzt. Er überlebte, lag aber von da an im Koma – wir erfuhren später, daß er sich in einem Zustand der ,,Blockierung" befand und weder seine Augen öffnen, noch sprechen konnte. Er wurde durch einen Schlauch gut ernährt.
Wir hatten nicht gedacht, daß wir mit Jeremy kommunizieren könnten. Aber nach zwei Jahren intensiven Bemühens, mit Physiotherapie, der Gnade Gottes und viel Geld, geschah es doch eines Tages. Als ich einen Softball unter seine Hand legte, bewegte er seinen Daumen ein ganz klein wenig, um ,,Ja" zu sagen, und den kleinen Finger, wenn er ,,Nein" sagen wollte. Unser geliebter kleiner Sohn litt viel in den zweieinhalb Jahren, dann holte ihn der Herr kurz vor seinem fünfzehnten Geburtstag zu sich. Gott benutzte das finstere Tal, durch das Jeremy gegangen war, um andere auf sich hinzuweisen.
Patty Cabeen

Geschichten, wie diese von Jeremy, sind verblüffend. Ist er im Koma? In einer andauernden Bewußtlosigkeit? Dann gibt es da noch den Begriff „anhaltender vegetativer Zustand". Fügen wir noch hinzu, daß die Ärzte sagten, Jeremy sei in einem Zustand der „Blockierung". Um das ganze Durcheinander zu klären: Ein Mensch, der sich im Koma befindet, ist in einem vorübergehenden Dauerschlaf, aus dem er vielleicht wieder erwacht, vielleicht aber auch nicht. Ein Mensch in einem anhaltend vegetativen Zustand ist wach, hat einen Schlafzyklus, kann aber fast nie mit den Menschen um sich herum in Beziehung treten. Pattys Sohn war, durch eine kleine Bewegung des Daumens bzw. des kleinen Fingers in der Lage, sich mit den Menschen um ihn herum in Verbindung zu setzen, und deshalb nannte man seinen Zustand „blockiert".

Jeremys Geschichte ist zugleich ermutigend und traurig. Er steht für Tausende, die dauerhaft im Koma oder einem vegetativen Zustand sind. Von vielen dieser Patienten heißt es, sie seien hoffnungslose Fälle. Letzten Endes bedeutet dies, daß sie in der Gefahr stehen, ihr Wesen als Person zu verlieren (und alle damit verbundenen Rechte, einschließlich des Rechtes auf Leben).

Um eben diese Menschen in dauerhaftem Koma oder vegetativem Zustand hat sich die Debatte über das Sterberecht erst richtig entfacht. Sie sind am meisten gefährdet. Sie sind in der Gefahr, ihr Leben zu verlieren. „Der anhaltend vegetative Zustand wird als Härtefall benutzt, um die Leute an den Gedanken zu gewöhnen, daß es in unserer Gesellschaft Menschen gibt, deren Leben wertlos ist und die man töten kann", sagt Dr. William Burke, ein Professor der Neurologie an der Universität von St. Louis.[40]

Menschen in Koma oder vegetativem Zustand haben in den wenigsten Fällen ihre Entscheidung über Beatmungsgeräte oder künstliche Ernährung getroffen. Und ihre Familien sind in höchstem Maße belastet und verzweifelt. Wir können uns den Schmerz, die Geldsorgen, die Tränen, das Trauma und das Leid kaum vorstellen, das sie durchmachen müssen.

Diese Mütter und Väter, Ehemänner oder -frauen sind in der schwierigen Lage, für einen Menschen in Koma oder vegetativem Zustand sprechen zu müssen. Und oft stellen sich Mediziner und Gerichte gegen die Entscheidungen der Familien. Es gibt sogar Fälle, in denen sich die Angehörigen gegen die Anweisungen der Ärzte entschieden haben und sich dennoch Gerichte über alle diese Erklärungen hinwegsetzen!

Die Frage heißt in der Regel: Warum können wir diesen Menschen nicht sterben lassen?

Und genau an diesem Punkt raufe ich mir, als Sprecherin für die Behinderten, die Haare. Menschen im Koma, in vegetativem

Zustand oder, wie Jeremy, sogar in blockiertem Zustand liegen nicht im Sterben (obwohl Jeremy schließlich aufgrund von Komplikationen gestorben ist). Sie sind in schwerem Maße behindert. Selbstverständlich müssen die Worte „in schwerem Maße" unterstrichen werden, denn manche dieser Menschen können nicht schlucken, andere können es. Manche machen kontrollierte Bewegungen, andere bewegen sich im Reflex. Weil sie nicht sprechen können, sind sie darauf angewiesen, daß diejenigen, die sie pflegen, ihre Äußerungen einfühlsam interpretieren, so wie die Mutter eines Neugeborenen die feinen Unterschiede im Jammern ihres Kindes wahrnehmen kann. Und einige werden sogar auf erstaunliche Weise wieder gesund, nachdem sie Jahre in Koma oder vegetativem Zustand zugebracht haben.

Aber alles in allem sind sie Behinderte. Sie sind nur zufälligerweise sehr viel stärker beeinträchtigt als andere, auch als Dan. Und jeder Mensch, unabhängig vom Grad seiner Behinderung, hat ein Recht darauf, behandelt und gepflegt zu werden. Vielleicht ist ihr schlimmstes Handicap auch die Tatsache, daß sie „sozial behindert" sind und nicht in der Lage, mit ihrer Umwelt Kontakt aufzunehmen. Sie sind sozial behindert, weil das Mitgefühl der Öffentlichkeit sich meist ihren gestreßten Familien zuwendet. Doch Menschen wie Jeremy sind immer noch Menschen. Jeder von ihnen hat eine Seele, einen Geist.

Ich werde hier nicht ausführlich auf die „Debatte zum Sterberecht" eingehen, die um diese Menschen und ihre Eltern und Ehepartner kreist, andere haben bereits ausführlich darüber geschrieben. Aber es gibt einen Aspekt, von dem ich selten höre, wenn es um Menschen in Koma oder vegetativem Zustand geht: Der Geist Gottes kann im Geist eines solchen Menschen auf erstaunliche Weise wirken, vielleicht sogar in stärkeren Maße als zu jeden anderem Zeitpunkt im Leben dieses Menschen.

Es mag scheinen, als würde nichts geschehen im Leben eines Mannes oder einer Frau im Koma oder in vegetativem Zustand. Doch erinnern Sie sich daran, daß das Wirken Gottes geistliches Handeln ist und oft vom Verstand oder auch den grundlegenden Hirnfunktionen eines Menschen unabhängig.

Ich kenne Menschen, die jahrelang im Bett gelegen haben, unfähig sich mitzuteilen. Ich weiß auch von den Angehörigen und Freunden dieser Menschen, die an ihrem Bett gesessen und gebetet haben, ihnen aus der Bibel oder aus Gedichten vorgelesen oder geistliche Musik vorgespielt und gelacht und sie geliebt haben. Und ich weiß, daß viele dieser Menschen aus ihrem Schlaf erwacht sind und auf eine ungewöhnliche Weise mit Gott in Verbindung getreten waren.

Wie ist das möglich? Jesus sagt: „Diese Erkenntnis [über geistliche Dinge] hat dir mein Vater im Himmel gegeben; von sich aus kommt niemand zu dieser Einsicht." (Mt 16,17 Hoffnung für Alle) Und Gott kann mit Sicherheit im Leben von Menschen wirken, die keine intellektuellen Fähigkeiten besitzen. Schauen Sie sich nur das Beispiel von Johannes, dem Täufer, an. Während er noch im Mutterleib war, hüpfte er vor Freude. Und schon bei seiner Geburt wurde er mit dem Heiligen Geist erfüllt. (Lk 1,44) Offensichtlich brauchte Gott das Gehirn dieses Babys nicht, um sich erweisen zu können. Was für ein tiefer Gedanke: Es kann sein, daß Gott den Verstand eines Menschen überhaupt nicht benötigt, um sich zu offenbaren!

Das ist für Menschen mit einem niedrigen Intelligenzquotient eine gute Nachricht. Es ist auch gute Nachricht für das Kind oder den Erwachsenen mit einer geistigen Behinderung. Und es ist vermutlich die einzige und beste Nachricht für Tausende von Menschen in diesem Land, die sich im Koma befinden. Ich bin überzeugt, daß Gott ihr verletztes oder traumatisiertes Gehirn nicht benötigt, um seine Wahrheit zu offenbaren.

Und was geschieht, wenn es für einen Menschen in Koma oder vegetativem Zustand Zeit ist, diese Welt zu verlassen? Wie kann ein Angehöriger Gewißheit haben, daß der geliebte Mensch den Weg in Richtung Himmel findet? Dr. John Frame vom Westminster Theologial Seminary faßt zusammen: „Sie befehlen einfach den Menschen der Gnade Gottes an. Kann ein Mensch in den Augenblicken der Bewußtlosigkeit, die dem Tod vorangehen, durch die Gnade Gottes gerettet werden? Gewiß."[41]

Zugegeben, man kann eine ganze LKW-Ladung von Argumenten auftürmen, die dafür sprechen, die Anschlüsse der Beatmungsgeräte und Ernährungsschläuche einfach zu kappen, was aber nichts mit den wirklichen Bedürfnissen der Menschen im Koma oder in vegetativem Zustand zu tun hat: medizinische Kosten, Lebensqualität, Überlastung der Angehörigen, das Leiden des Patienten, Präzedenzfälle vor Gericht und der Druck der öffentlichen Meinung. Aber genau das sollten für uns keine Gründe sein, denn wir müssen „auch niemanden mehr nach äußeren Maßstäben beurteilen", wie es in 2. Korinther 5,16 (Hoffnung für Alle) heißt.

Solche Argumente möchten uns diktieren, daß es vernünftig sei, die lebenserhaltenden Systeme abzuschalten – ungeachtet der Tatsache, daß wir dann aktive Euthanasie betreiben würden. Vielmehr jedoch sollten Menschen wie Jeremy vom Blickwinkel der transzendenten und ewigen Welt her gesehen werden. „Denn was sichtbar ist, das ist zeitlich; was aber unsichtbar ist, das ist ewig." (2.Kor 4,18)

Das mag ja schön und gut sein für Jeremy, aber ...

Seien wir ehrlich. Vielleicht können Sie sich niemals vorstellen, so zu leben wie Jeremy. Sie haben enormen Respekt vor Patty Cabeen und ihrem Sohn, aber Sie persönlich möchten einfach nicht in einem dauerhaften Zustand der Bewußtlosigkeit leben oder in einem anhaltend vegetativen Zustand. Sie möchten wenigstens etwas die Kontrolle darüber behalten, was mit Ihnen geschieht.

Für Sie gibt es noch eine andere Antwort.

9 Es ist nicht einfach, den Unterschied zu erkennen

Wenn ich erwarte, daß das Leben kein Ende hat, dann scheint das Sterben eine Illusion zu sein. Wenn ich Leben als Berufung sehe, dann ist das Sterben ein Eindringling. Wenn das Leben eine Bedrohung ist, dann ist das Sterben ein Ausweg. Wenn ich Leben als Geschenk empfange, dann ist das Sterben ein Teil des Geschenkten.[42]

Ben Coombs, Landschaftsarchitekt und ein Freund aus meiner Gemeinde, zog sich einen Stuhl an meinen Schreibtisch, öffnete seine Brieftasche und breitete vor mir ein vierseitiges Formular aus, mit dem Titel „Dauerhafte Vollmacht für Entscheidungen über die medizinische Versorgung". Es erklärt, wie man jemanden ernennen kann, die nötigen Entscheidungen über Behandlungsmaßnahmen zu treffen, für den Fall, daß man selbst dazu nicht mehr in der Lage ist. Meine Augen wanderten langsam über das einschüchternde Papier. An einer Stelle des Formulars blieb ich hängen, deren Text wie ein schriftliche Willenserklärung aussah und deren Sprache besonders abschreckend klang.

Unter Absatz vier, Willenserklärung, hieß es:

„Ich möchte, daß mein Leben verlängert wird und daß ich mit lebenserhaltenden Maßnahmen behandelt werde, solange ich nicht im Koma liege und meine Ärzte der begründeten Ansicht sind, daß mein Zustand keine Besserung mehr erwarten läßt. Wenn meine Ärzte den begründeten Schluß gezogen haben, daß ich mich in einem irreversiblem Komazustand befinde, erkläre ich hiermit meinen Willen, daß keine lebenserhaltenden Behandlungsmaßnahmen angewendet oder fortgeführt werden."

Ich biß nervös auf der Lippe herum und laß den Absatz noch einmal. Die Spalte daneben ging sogar noch weiter. Dort ging es darum, lebenserhaltende Maßnahmen überhaupt nicht anzuwenden bzw. zu beenden. Doch dann blickte ich auf die nächste Spalte, die eine dramatische Alternative präsentierte:

„Ich möchte, daß mein Leben mit allen zur Verfügung stehenden Mittel verlängert wird, ungeachtet meines Zustandes oder der Chancen einer Besserung oder der Kosten für die betreffenden Maßnahmen."[43]

Ich wand mich etwas in meinem Rollstuhl. „Warum muß ich diesen Absatz unterschreiben?" fragte ich. „Kann mein Mann nicht einfach ganz privat den Ärzten sagen, wie ich über eine Fortführung der Behandlung denke?" Ben wies darauf hin, daß diejenige Person, die ich gesetzlich dazu bestimmen würde, Entscheidungen bezüglich meiner medizinischen Versorgung zu treffen – für den Fall, daß ich selbst diese Entscheidungen nicht mehr treffen könne –, genauestes meinen von mir festgelegten Willen repräsentieren müßte.

Ich sah auf die Stelle, an der ich das Formular unterschreiben und, mit Datum versehen, vom Notar bestätigen lassen würde. „Was, wenn ich meine Meinung ändere?"

„Du solltest dieses Formular alle sieben Jahre erneuern lassen, Joni. Unglücklicherweise", meinte Ben, während er mit den Achseln zuckte und das Papier umdrehte, „wissen nur die wenigsten, daß man eine solche Vollmacht für die medizinische Versorgung ausstellen kann. Und die schieben es meist noch vor sich her. Dann gibt es außerdem noch solche Leute, die sich nie die Zeit nehmen, es verlängern zu lassen." Er schüttelte den Kopf und hielt einen Moment inne. „Viel Kopfzerbrechen und viel Leid könnten vermieden werden, wenn die Leute sich nur die Zeit nehmen würden, für die Zukunft Vorsorge zu treffen."

Ich wußte genau, was er damit meinte. Die körperlichen Rückschläge, die ich 1991 erlitten hatte, zwangen mich dazu, darüber nachzudenken, wie ich mich auf meinen eigenen Sterbesprozeß vorbereiten wollte. Ich mußte diese Entscheidungen über meiner medizinische Versorgung im Gebet bewegen und sorgfältig durchdenken und besonderes für den Fall, daß ich in der Zukunft geistig nicht in der Lage sein sollte zu denken.

Fragen, die bedacht werden müssen

Bevor ich mein „Joni Tada" auf die gestrichelte Linie setzen konnte, gab es einige ernste Fragen zu klären. Die erste kam geradewegs aus Psalm 39: „Herr, lehre mich doch, daß es ein Ende mit mir haben muß und mein Leben ein Ziel hat und ich davon muß." *Auf der einen Seite sagst du, Herr, daß die „Länge der Tage" ein Segen ist, aber es muß auch so sein, daß „sterben seine Zeit hat". (Pred 3,2) Das ist keine Entscheidung, die ich im luftleeren Raum fällen kann, sie muß den Herrn und Geber meines Lebens mit einbeziehen. Ich muß wissen, was du über die Entscheidungen, die vor mir liegen, denkst.*

Es half mir, daß ich, was den Tod anging, bereits eine Perspektive hatte, die auf die jenseitige Welt gerichtet war. Der Apostel Paulus, selbst dem Tode nah, konnte mit Zuversicht sagen: „... wir würden am liebsten diesen Leib verlassen, um endlich ganz beim Herrn zu sein. Aber ganz gleich, ob wir nun bei ihm sind oder noch auf dieser Erde leben, es kommt nur darauf an, alles zu tun, was Gott gefällt." (2.Kor 5,8f Hoffnung für Alle) Ich wollte, daß meine Entscheidung darüber, wie ich sterben würde, seine Zustimmung fand; vom letzten Atemzug diesseits der Ewigkeit bis zu dem Bruchteil einer Sekunde, in dem ich die Schwelle zu jener anderen Seite überschreiten würde.

Meine Entscheidung betraf auch noch andere außer mir und Gott, die ich mit in Betracht ziehen mußte. Für meine Familie war es wichtig, daß ich im voraus Anweisungen darüber hinterließ, auf welche Weise ich sterben wollte. Die Vollmacht über meine medizinische Versorgung nicht zu unterschreiben, würde meinen Mann Ken in eine schwierige Lage bringen, besonders in dem Fall, wenn ich bewußtlos oder geistig unfähig sein sollte. Wenn das Krankenhaus oder der Staat Kens Anweisungen für meine Versorgung anfechten würde, dann müßte, gemäß der Doktrin des „Ersatzurteils", ein Gericht die Verantwortung darüber übernehmen und feststellen, was meine Wünsche über meine medizinische Behandlung sind. Ohne einen dokumentierten Nachweis über meinen Willen und meine Wünsche könnte es sein, daß Ken schließlich mit den Gerichten um meinen halbtoten Körper kämpfen müßte.

Außerdem mußte ich meine Beziehungen zu Ken, meiner Familie, den Freunden und Partnern einschätzen. Wie würden sie meine Entscheidung über mein Sterben beurteilen? Würde eine meiner Entscheidungen für meinen Mann Ken einen untragbare Schuld oder Belastung bedeuten? Und ich mußte die Beziehung zu meinem Arzt festigen. Verstanden wir beide die Einschränkungen durch meine Behinderung richtig? Hatte ich alle Fakten über lebenserhaltende Systeme richtig verstanden und ihre helfende oder hindernde Wirkung auf mein Leben?

Nachdem ich diese und weitere Fragen durchdacht hatte, entschloß ich mich, die „Dauerhafte Vollmacht für Entscheidungen über die medizinische Versorgung" zu unterzeichnen, meiner Familie zuliebe, zu meinem Schutz und zum Lob Gottes.

Ich nahm das Dokument mit nach Hause, damit Ken es studieren konnte. Er wußte, daß ich ihn und einen Ersatzbevollmächtigten als meine Vertreter in Gesundheitsfragen benennen wollte, aber wir hatten das Gespräch darüber seit einiger Zeit vor uns hergeschoben. Nach dem Abendessen öffnete Ken die Aktenmappe auf dem Küchentisch und laß langsam jeden der Paragraphen durch. Er schwieg, und ich fragte mich, was er wohl dachte. Sehr viel später an jenem Abend, kam er in unser Schlafzimmer und setzte sich auf die Bettkante. „Das ist eine gute Sache", seufzte er. „Etwas schwierig, darüber zu reden. Aber eine gute Sache." Er sah mir in die Augen und sagte: „Nun, wie hast du dich entschieden?"

„Ich kenne meinen Körper besser als jeder andere", sagte ich, „und ich weiß, daß fünfundzwanzig Jahre Lähmung ihren Tribut gefordert haben. Nehmen wir an, daß ich es in ein paar Jahren mit einer Herzschwäche zu tun bekomme oder daß mir eine Niere herausgenommen werden muß und ich Dialyse benötige. Die Quadriplegie hat bereits zu einer Kreislaufschwäche geführt und meine Nieren in Gefahr gebracht. Daher glaube ich einfach nicht, daß es das Risiko wert ist. Ich werde mich wahrscheinlich dafür entscheiden, keine größeren Operationen durchführen zu lassen. Verstehst du, was ich meine?" Ken nickte.

„Außerdem las ich gestern in der Bibel, daß ich einen neuen Leib erhalte, wenn ich in den Himmel komme. Schon allein das nimmt mir die Furcht vor dem Tod", sagte ich. „Wie es heißt: ,... wir ... erwarten den Heiland, den Herrn Jesus Christus, der unsern nichtigen Leib verwandeln wird, daß er gleich werde seinem verherrlichten Leibe ...'" (Phil 3,20f)

„Du klingst wie ein wandelndes Lehrbuch der Theologie", meinte er.

„Hör zu, wenn du schon solange behindert wärst wie ich, wärst du auch wild darauf, einen Körper zu bekommen, der funktioniert", antwortete ich mit einem Lächeln. „Egal, wie ich schon gesagt habe, ich habe keine Angst vor dem Tod. Aber weil alles so hochtechnisiert ist und die Krankenhäuser so ... so mechanistisch, habe ich schon ein wenig Angst davor, wie ich sterben könnte."

„Und darum möchtest du, daß wir das hier unterzeichnen", sagte Ken und tippte auf das Dokument in seiner Hand. Ich nickte, und dann saßen wir lange schweigend da. Den Rest des Abends verbrachten wir mit einem Gespräch über unsere Bedürfnisse und Wünsche „in guten wie in schlechten Tagen, bis daß der Tod uns scheidet".

Schriftliche Willenserklärung oder Ausstellung einer Vollmacht

Warum wollte ich eine Vollmacht über meine medizinische Versorgung ausstellen? Warum setzte ich nicht einfach eine schriftliche Willenserklärung auf? Auf den ersten Blick schien die schriftliche Willenserklärung gut. Man hat die Gelegenheit, auf Papier genauestes festzulegen, wie „außergewöhnlich" eine außergewöhnliche medizinische Behandlung sein darf. Aber es gibt einige Probleme bei der schriftlichen Willenserklärung.

Erstens signalisiert ein solches Dokument, daß Sie nicht wünschen, daß etwas getan wird. In einer überfüllten Unfallstation zum Beispiel, könnte der überarbeitete Bereitschaftsarzt eine schriftliche Willenserklärung so interpretieren, daß Sie überhaupt keine Wiederbelebungsmaßnahmen wünschen. Ihre Tragbahre wird irgendwo zur Seite geschoben, während die anderen anstehende Notfälle hereingewunken werden.

Zweitens kann eine schriftliche Willenserklärung nicht in letzter Minute widerrufen werden. Zu dem Zeitpunkt, wo Sie die Erklärung schreiben, haben Sie weder eine Ahnung, in welcher Gestalt der Tod auf sie wartet, noch welche neuen Behandlungsmöglichkeiten dann vielleicht zur Verfügung stehen. Es gibt einfach keine Möglichkeit, alle Details genau vorherzusehen. Und wer weiß, vielleicht geht es Ihnen wie den meisten Menschen, daß Sie Ihre Meinung ändern wollen, wenn Sie mit Ihrem eigenen Tod hautnah konfrontiert sind.

Die Leute denken, daß eine schriftliche Willenserklärung ihnen die Kontrolle über die Art ihres Sterbens gibt. Aber in Wahrheit überlassen Sie, wenn Sie eine schriftliche Willenserklärung unterschrieben haben, alle Rechte und jegliche Kontrolle dem Arzt, der zufällig gerade auf der Bildfläche erscheint, um Ihren Willen zu entziffern. Sie haben keine Garantie, daß Ihr bevorzugter, Ihnen wohlgesonnener Arzt da sein wird, um die vage Ausdrucksweise einer schriftlichen Willenserklärung zu interpretieren.

Ich höre, wie Sie sagen: „Ja, kann denn nicht ein Familienangehöriger dem Arzt erklären, was ich gemeint habe?"

Es stimmt, Familienangehörige können versuchen zu entziffern, was Sie meinten, um es den anwesenden Ärzten zu erklären, aber der Arzt muß deren Rat nicht folgen. Das Gesetz gibt dem Arzt, der dieses Dokument in Händen hält, die ganze Vollmacht und vollen Schutz. Wenn es sich um Ihren Hausarzt handelt, dann gibt es dabei vermutlich keine Probleme. Aber Sie haben keine Gewähr, daß Sie sich in Ihrem Heimatort befinden, wenn sie eine schwere Verletzung oder Krankheit trifft.

Was also ist richtig? Eine schriftliche Willenserklärung oder eine Vollmacht?

Eigentlich geht es um folgende Frage: Wollen Sie von einem Stück Papier vertreten werden, oder von einer Person?

Ich möchte, daß ein Mensch für mich spricht. Denn ein Mensch ist im Gegensatz zu einer schriftlichen Erklärung flexibel und kann auf die Umstände reagieren. Ein Mensch kann einen Arzt beauftragen oder ihm die Beauftragung zu entziehen, oder sogar dafür sorgen, daß ein Patient aus dem Krankenhaus entlassen wird. Aber dieser Mensch sollte meine genauen Wünsche in und auswendig kennen – denn mein Leben liegt in seiner Hand! Das bringt mich natürlich zurück zu Ken und der „Dauerhaften Vollmacht für Entscheidungen über die medizinische Versorgung". Ich vertraue Ken, wir teilen die gleichen Ansichten, und er kennt mich besser als jeder andere. Ich möchte, daß er für mich spricht.

Um ehrlich zu sein: Weder die schriftliche Willenserklärung, noch die Vollmacht ist die perfekte Antwort auf das Dilemma des Sterbens. Aber vergleicht man beide, ist die Vollmacht geeigneter. Doch selbst die Bevollmächtigung einer Person, beinhaltet einige Probleme. Die Gesetze sind überall unterschiedlich. Ein Staat schließt Wasser und Nahrung von der Kategorie der lebenserhaltenden Maßnahmen aus, andere Staaten erlauben es, selbst ausdrücklich festzulegen, ob sie wollen, daß ihnen Nahrung und Wasser vorenthalten wird.

Was ist das Beste? Was kann man tun? Fragen Sie! Ob bei einem Zusammentreffen Ihrer Familie mit den zuständigen Stellen im Krankenhaus oder in einem Gespräch mit Krankenschwestern und Sozialarbeitern, es ist immer gut, Fragen zu stellen.

Die „Rechtsbelehrung"
Sie haben das Recht zu ...

Das Gesetz über das Selbstbestimmungsrecht des Patienten verlangt heute in den USA, daß Krankenhäuser oder Pflegeheime, die staatliche Fördermittel erhalten, erläutern, welche Dokumente im jeweiligen Bundesstaat anerkannt werden, ob dies eine schriftliche Willenserklärung oder eine Vollmacht ist. Wenn Sie in ein Krankenhaus eingeliefert werden, werden Ihnen Ihre Rechte vorgelesen, ähnlich der Rechtsbelehrung, die ein Polizist bei einer Verhaftung vornimmt.

Ob Sie also wegen einer größeren Operation eingeliefert werden oder nur zu Beobachtung über Nacht, es wird Ihnen auf jeden Fall eine schriftliche Erinnerung in die Hand gedrückt, daß Sie das Recht haben, medizinische Hilfe abzulehnen, falls Ihr Zustand hoffnungslos wird.

Das Gesetz wurde ursprünglich als Antwort auf die emotionsgeladenen und dramatischen Gerichtsverhandlungen um Nancy Cruzan verabschiedet, einer jungen Frau, die nach einem schrecklichen Unfall im Koma blieb. Das Gericht mußte entscheiden, ob die lebenserhaltenden Maßnahmen – Nahrung und Wasser eingeschlossen – bei Nancy Cruzan eingestellt werden dürften oder nicht. Man verbindet mit einem solchen Gesetz die Hoffnung, daß diese Probleme am Krankenbett, und nicht in einem weit entfernten Gerichtssaal entschieden werden. Nancy Cruzan hatte vor ihrem Unfall nie ihren Willen dargelegt, in welcher Weise sie zu sterben wünsche. Deshalb gab es so viele Kontroversen, als die künstliche Ernährung eingestellt wurde, ganz zu schweigen von der Empörung darüber, daß eine junge, behinderte Frau dem Hungertod preisgegeben wurde.

In gewisser Weise ist das Gesetz über das Selbstbestimmungsrecht des Patienten hilfreich, denn jeder muß die Fakten kennen. Andererseits ist es besorgniserregend, ja sogar beängstigend. Wenn eine Krankenschwester einfach auf Sie zukommt, Sie mit einer schriftlichen Willenserklärung konfrontiert und Ihnen ein Blatt in die Hand drückt, das Ihnen bei der Ankunft im Krankenhaus die eigenen Rechte erklärt, so kann das ziemlich irritieren. Diese Frage könnte Ihre Meinung über medizinische Behandlungsmaßnahmen beeinflussen, besonders wenn Sie ohnehin deprimiert sind, weil Sie ins Krankenhaus müssen. Sie hätten keine Chance nachzudenken, zu beten und mit Weisheit zu planen!

Dennoch ist das Gesetz über das Selbstbestimmungsrecht des Patienten, trotz aller Schwächen, ein Versuch, daß Menschen sich über eine Vollmacht oder eine Willenserklärung Gedanken machen. Und das, *bevor* man von einer Krankheit getroffen wird und alle rationalen Überlegungen über Bord gehen.

Warten Sie also nicht, bis Sie eingeliefert werden. Das Gebet ist der Schlüssel, um sich und die Familie für eine solche Entscheidung vorzubereiten. Bitten Sie Gott, Ihnen die nötige Weisheit zu geben, damit Sie diese wichtigen Entscheidungen fällen können. Setzen Sie sich mit Ihrem Pfarrer zusammen. Reden Sie mit dem Ehepartner oder den Eltern. Fragen Sie Ihren Arzt, welche Möglichkeiten Sie haben, entsprechende Anweisungen zu geben; oder wenden Sie sich an Ihr örtliches Krankenhaus oder Seniorenzentrum, damit diese Ihnen die Informationen zuschicken. Und wenn Sie die Informationen erhalten haben, zögern Sie es nicht hinaus.

Wenn Sie unterschreiben

Okay, nun setze ich also meine Unterschrift unter das Dokument. Und Sie?

Denken Sie daran, eine schriftliche Vollmacht ist nicht nur eine juristische Direktive, sie ist auch eine moralische Anweisung. Ich rate Ihnen, einige ethische Schlüsselthemen zu bedenken, bevor sie eine Vorausverfügung über medizinische Maßnahmen treffen.

Wenn Sie mein Freund oder meine Freundin wären, und ich wüßte, daß Sie drauf und dran sind, sich auf: „Keine lebenserhaltenden Maßnahmen in einer Notfallsituation" festzulegen, so würde ich sagen: „Warte! Was ist, wenn du diese lebenserhaltenden Maßnahmen nur ein paar Tage lang brauchst? Was, wenn es dir danach wieder blendend geht? Geh nicht das Risiko ein, dein Leben wegzuwerfen!" Und noch eins. Wenn Sie Ihr Recht wahrnehmen und entscheiden, daß Sie „keine lebenserhaltenden Maßnahmen, die künstliche Ernährung eingeschlossen", wünschen, werden Sie mit ziemlicher Sicherheit darum bitten, daß man Sie zu Tode hungert. Und das ist eine Entscheidung, für die Sie vor Gott verantwortlich sind.

Ein „guter" Tod

Wenn irgend jemand überhaupt jemals „gut" gestorben ist, dann war es meine fünfjährige Nichte Kelly. Als jüngstes von drei Kindern war sie der typische Wildfang auf der Familienfarm. Ihre Mutter Linda, die als Alleinerziehende schwer zu arbeiten hatte, übertrug ihren Kindern eine Menge Aufgaben im Haushalt und im Stall, so daß Kelly zu einem starken, findigen und unabhängigen kleinen Mädchen geworden war.

Eines Tages fiel Großvater auf, daß Kelly den Feldweg zum Haus entlang humpelte und ihren Fuß leicht nachzog. Meine Schwester Linda brachte sie ins Krankenhaus, und die Ärzte fanden einen riesigen bösartigen Gehirntumor. Wir waren schockiert und überrascht. Eine Operation konnte nicht viel erreichen und innerhalb eines Monats mußte sie im Rollstuhl sitzen. Nach einem langen Aufenthalt im Krankenhaus schlugen die Ärzte vor, wir sollten Kelly zum Sterben nach Hause nehmen.

Nun gab es zwei Paar Räder an unserem Tisch, meine in Erwachsenengröße und Kellys Miniaturausgabe. Die ganze Familie bemühte sich, der immer schwächer werdenden Kelly ihre ganze Liebe und Zuneigung zu widmen. Jeder versuchte, es ihr so angenehm wie möglich zu machen. Es war erstaunlich zu sehen, welche Veränderung das in dem kleinen Mädchen bewirkte – es war nicht so sehr eine körperliche Veränderung, als vielmehr ein Wandel in ihrem Gemüt und ihrer Haltung. Sie war nicht mehr der freche Wildfang, der sagt: „Ich brauche keine Hilfe, ich komm selber zurecht." Sie wurde weicher und entwickelte sich zum süßesten, glücklichsten Kind, das wir je gesehen hatten. Sie lernte „Goldlöckchen und die drei Bären" förmlich auswendig, ermüdete ihren Cousin Kay damit „Kaffeeklatsch" zu spielen, und vor allem ließ sie ihrer Phantasie freien Lauf, wenn das Gespräch auf den Himmel kam.

In jenen letzten Monaten ermüdete Kelly rasch und verbrachte mehr und mehr Zeit im Bett. Sie schien vor der Dunkelheit, vor ihrer Behinderung oder dem Tod keine Angst zu haben. Ich erinnere mich, wie ich eines Nachts an ihrem dunklen Schlafzimmer vorbeikam und hörte, wie sie halb flüsternd sang: „Jesus liebt mich, das weiß ich gewiß ..."

Kelly hat uns viel beigebracht, was es heißt, auf gute Art zu sterben. Sie sprach voller Eifer davon, wie sie mit Jesus ein Eis essen würde. Sie würde größere Ponys reiten und so viel Ketchup auf ihren Hamburger kippen, wie sie wollte, und vielleicht sogar wie

Goldlöckchen mit den Bären sprechen. Als wir einmal allein in ihrem Zimmer waren, schaute ich sie ernst an und fragte: „Kelly, wenn du Jesus siehst, würdest du ihm dann bitte einen Gruß von mir ausrichten? Du wirst es nicht vergessen?"

Sie lächelte und nickte.

An dem Abend, als sie starb, hatte sie zuvor zu ihrer Mutter gesagt: „Mami, ich will nach Hause."

„Aber du bist doch zu Hause, Schatz", meinte meine Schwester sanft zu ihr.

„Nein, ich möchte zu Jesus nach Hause gehen", flüsterte sie mit rauher Stimme. Einige Stunden später war sie dort. Kelly starb, umringt von ihrer Familie, den Stofftieren und einem Koffer mit ihren Jeans, ihren Kleidern und Spielsachen. Kelly hatte einen „guten" Tod. Allein das erleichterte den Schmerz über ihren Tod mehr als alles andere.

Sterbepflege

Durch drei einfache Dinge schaffte es die Familie, daß Kelly in Frieden sterben konnte. Erstens wurden ihre Schmerzen unter Kontrolle gehalten, und es wurde ihr so angenehm wie möglich gemacht. Zweitens kam bei ihr die ganze Familie zusammen. Kelly war für ihre Schwestern, Cousinen, Onkel und Großeltern ein Grund, sich zusammenzufinden, einander zu unterstützen und füreinander zu sorgen. Drittens blieb Kelly Teil der Gemeinschaft. Die Nachbarskinder spielten an ihrem Bett Brettspiele, Großvater las ihr unaufhörlich aus Bilderbüchern vor, und es klang harmonisch, wenn sie sich mit schwacher Stimme ihrer Familie beim Singen anschloß. Sie war fast die ganze Zeit von liebenden Menschen umgeben, die ihr immer wieder versicherten, daß sie in ihrer Not nicht allein gelassen war.

Was in Kellys Fall vor sich ging, ist so ziemlich das gleiche, was in einem Hospiz geschieht. Wir befolgten die meisten Prinzipien, die Sie auch in einem stationär behandelnden Hospiz finden würden – d.h. an einem Ort, wohin Menschen kommen, um zu sterben. Aber ein gutes Hospiz macht das Sterben nicht zum Geschäft, sondern seine Aufgabe ist es, ein gutes Leben bis zum Ende zu ermöglichen. An den Zimmern, die mit heimischen Möbeln, Zierdecken und Wandgemälden ausgestattet sind, ist nichts Anstaltshaftes. Manchmal trifft man dort sogar einen Beagle – das Haustier irgendeiner Familie – , der die Gänge entlang schlendert.

Die moderne Medizin geht mit dem Tod oft mehr schlecht als recht um. Ein Krankenhaus wird sich für einen Patienten mit Heilungschancen sehr einsetzen. Aber ein sterbender Patient, der in einem Bett vor sich hin dämmert, das andere benutzen könnten, ist oft eine peinliche Angelegenheit. Manchmal sind Menschen, die todkrank oder im Sterben sind, in einem geschäftigen, überfüllten Krankenhaus sehr alleingelassen.

Ich halte es für unglücklich, daß so viel Aufmerksamkeit und so viele Mittel in unserer Gesellschaft in die Legalisierung der Euthanasie gesteckt werden, während die Hospizbewegung ums Überleben kämpfen muß. Um ehrlich zu sein, es wird Ihnen in den USA wohl kaum ein Bett in einer Sterbeklinik angeboten, da es nur sehr wenige gibt. Stationär behandelnde Hospize – die meisten von ihnen werden von religiösen Organisationen geführt – benötigen dringend freiwillige Helfer, Geld und Möglichkeiten.

Daher liegt in Amerika das Hauptgewicht bei der Pflege daheim, etwa in der Art, wie wir es für Kelly eingerichtet hatten. Bei der Sterbepflege zu Hause steht einige Tage oder eine Woche eine gelernte Krankenschwester zur Verfügung, damit sich die pflegende Person von ihrem Streß erholen kann. Die Sozialversicherung übernimmt sogar einen Teil der für eine solche Pflege nötigen Kosten. Aber diese Initiative braucht Hilfe. Wir würden den Todkranken und Sterbenden eine sehr viel barmherzigere Botschaft vermitteln, wenn wir unsere Energien darauf lenken würden, Menschen zu helfen, auf gute Art zu sterben.

Auf gute Art zu sterben, darum geht es. Unglücklicherweise ist die Euthanasie zum populären Thema geworden, weil die Leute dazu verleitet werden, zu glauben, daß ein durch Selbstmord oder Tötung herbeigeführter Tod würdevoller sei als ein natürlicher Tod. Richtig, es mag sein, daß ein Mensch am Ende seines Lebens eine schlechte medizinische Versorgung erhält, aber es gibt auch gute Versorgungsmethoden, wie das durch die Sterbepflegeinitiative gezeigt wird. Das ist die Antwort für diejenigen, die einen Tod fürchten, dem durch schlechte medizinische Versorgung die Würde geraubt wurde.

Wir können sogar ausgezehrten und unheilbar kranken Menschen helfen, auf gute Art zu leben. Wir können die Hoffnungslosigkeit lindern, die geschwächte Menschen in die Verzweiflung treibt, indem wir uns für eine begleitende oder ablösende Pflege zur Unterstützung gestreßter Familien einsetzen. Wir können diese Familien durch Seelsorge, Besuchsdienste oder finanzielle Hilfen unterstützen. Leben oder Sterben kann für einen todkranken Menschen zu einer sehr einsamen und verzweifelten Zeit werden. Unsere Gesellschaft, und besonders die Gemeinden, dürfen vor diesem Elend, das nach Barmherzigkeit schreit, nicht zurückschrecken oder den Lasten aus dem Weg gehen, die es zu tragen gilt. Wir müssen für leidende Menschen zu Herz und Händen Gottes werden.

Der letzte Atemzug

Der Tod ist immer noch der letzte große Aufschrei, egal wie gut wir uns darauf vorbereiten. Aber wir können das Sterben so friedvoll und gelassen wie möglich werden lassen. Sie können tatsächlich mit Frieden, ja sogar mit Gelassenheit, durch den Tod hindurchgehen. Es kommt alles darauf an, wie Sie das Leben anschauen.

Wenn Sie glauben, Ihr irdisches Leben würde sich ungestört fortsetzen, dann werden Sie niemals auf Ihren letzen großen Weg vorbereitet sein, egal wie viele Dokumente sie unterschreiben.

Wenn Sie glauben, das Leben habe keine Bedeutung über das hinaus, was Sie heute tun, dann wird der Tod für Sie ein häßlicher Eindringling sein, der nur Bitterkeit mit sich bringt.

Wenn Sie glauben, das Leben sei ein ermüdender Kampf, beladen mit Versagen und Enttäuschung, dann mag der Tod für Sie ein tödlicher Ausweg sein.

Aber wenn Sie das Leben als ein Geschenk Gottes annehmen, dann ist der Tod ein Teil dieser Gabe. Sie können sich darauf vorbereiten. Sie können darauf zuleben. Weil Sie sagen können: „Christus ist mein Leben, und Sterben ist mein Gewinn." (Phil 1,21)

10 Lohnenswertes Leben

Zeugnis
Ich hasse mein Leben. Sie können sich den Schmerz gar nicht vorstellen, wenn man sich nur danach sehnt, dem Leben ein Ende zu setzen, und nicht dazu in der Lage ist, weil man Quadriplegiker ist und seine Hände nicht bewegen kann.
Nachdem die Ärzte eine Operation an meinem Hals vorgenommen hatten, weigerte ich mich eine Halskrause zu tragen. Auch das hasse ich. Keiner versteht mich und keiner hört mir zu, wenn ich ihnen sage, daß ich nicht mehr leben will. Die Leute haben Mitleid mit mir, und das kann ich nicht aushalten. Ich kann nicht mal allein aufs Klo gehen.
Ich habe nicht die Energie, damit fertig zu werden. Ich habe nicht die Kraft, dem morgigen Tag entgegenzutreten. Ich will hier raus.
Ein depressiver Teenager

Was würden Sie diesem Teenager sagen? Welchen Rat würden Sie diesem Mädchen geben? Nun, nachdem Sie so lange durchgehalten haben, hoffe ich, Sie werden ihr kein Exemplar von *Final Exit* in die Hand drücken!

Sicher würden Sie sagen, daß Sie helfen wollen. Aber wieviel Zeit und Unterstützung wären Sie bereit zu investieren? Es würde eine Menge Mühe bedeuten, sich an ihr Bett im Krankenhaus zu setzen und zuzuhören, ihre Hand zu halten und sich wirklich um sie zu kümmern. Vielleicht beschimpft sie Sie ... vielleicht wendet sie ihren Kopf ab und ignoriert Sie verdrießlich ... oder sie schreit die Krankenschwester an, sie solle Sie endlich hinauswerfen.

Könnten Sie ihr mit einer Liebe, die über das Natürliche hinausgeht, die andere Wange hinhalten? Wären Sie in der Lage, sich um sie zu kümmern, ohne etwas dafür zu erwarten? Würden Sie auch nicht vergessen, am nächsten Tag wiederzukommen, mit einem Teenager-Magazin und einem Päckchen Süßigkeiten unter dem Arm, und nur still an ihrem Bett sitzen, um *Raumschiff Enterprise* anzuschauen?

Dieses Mädchen ist eine von Millionen – deprimiert, desillusioniert –, und sie schreit unausgesprochen die Frage hinaus: „Wo ist das Leben, das sich lohnt?" Denken Sie daran, die Antwort auf diese Frage gibt es nicht in klugen Sätzen, sondern nur in Gestalt von Menschen.

In Menschen Antworten finden

Der selbstmordgefährdete Teenager, der dieses „Zeugnis" geschrieben hat, war ich selbst. Ich bettelte meine Freundin Jackie an, sie solle mir die Schlaftabletten ihrer Mutter oder die Rasierklingen ihres Vaters von zu Hause mitbringen. Ich träumte von der Zeit, wenn ich in einem motorisierten Rollstuhl sitzen und irgendwo aus der Kurve rasen könnte. (Wahrscheinlich hätte ich nur eine Hirnverletzung erlitten und alles wäre noch schlimmer geworden!) Nachdem sich meine Freundin standhaft weigerte, wartete ich nachts darauf, daß keine Schwestern mehr in der Nähe waren, damit ich meinen Kopf aufs Kissen knallen konnte, in der Hoffnung, daß mein Hals weiter oben brechen würde und mir so die Luft abschnüren würde.

Wenn es darum ging, mich aus diesem Leben zu verabschieden, besaß ich keinen Stolz. Das Verrückte dabei war, daß ich einmal gesagt hatte: „Menschen, die ihrem Leben ein Ende setzen, sind willensarme Schwächlinge, die nur Gummi in den Knien haben. Warum können sie sich nicht zusammenreißen und ihr Leid aushalten, ohne viel Trübsal zu blasen!" Sie wären überrascht, wie viele Menschen so denken, zumindest solange sie nicht selbst diejenigen sind, die nur Gummi in den Knochen haben.

Als ein Tauchunfall mehr als nur meinen Körper lähmte, wollte ich nur noch fliehen: in Tagträume, in den Schlaf, durchs Fernsehen, und wenn ich es gekonnt hätte, auch in den Tod.

Ich war nicht die einzige. Millionen andere wollen nicht mehr leiden müssen, wegen angeschlagener Gesundheit, wegen ihren Finanzen, wegen ihren Schmerzen oder kaputten Beziehungen. Flucht ist zur großen amerikanischen Freizeitbeschäftigung geworden, und unsere Kultur bietet uns keine Hilfestellung. Unsere medienorientierte Gesellschaft versucht, uns ein Leitbild nach dem anderen zu verkaufen, die uns ein gutes, sorgloses Leben vorgaukeln. Wenn eine Gesellschaft dieser Kultur der Bequemlichkeit verfällt, dann ist es nur noch ein kleiner philosophischer Sprung, und wir befinden uns in den Wartesälen von Krankenhäusern und Pflegeheimen, wo Entscheidungen über Leben oder Tod gefällt werden. Oder es ist nur Katzensprung in den nächsten Buchladen, um sich *Final Exit* zu besorgen.

Gott sei Dank, war ich nie in der Lage diese letzte Flucht zu arrangieren.

Statt eines Notausganges fand ich andere Antworten. Und diese Antworten erhielt ich durch die Menschen, die mich liebten.

Die Mutter einer meiner Klassenkameradinnen an der High School besuchte mich einmal in der Woche. Ich schämte mich, in ihrer Gegenwart meine Wut zu zeigen, und außerdem brachte sie selbstgemachtes Zuckergebäck mit. Eine energische und unerschrockene Freundin von der High School, namens Diana, opferte ein Semester am College, um bei mir an meinem Bett zu bleiben. Ihr Engagement beeindruckte mich, und ich mochte ihre abgedroschenen Witze. Einem Jungen, namens Steve, machte es Spaß, sich der Herausforderung zu stellen und meine Fragen zur Bibel zu beantworten. Ich ertrug ihn, weil er jünger war als ich.

Bei solche Menschen habe ich die Verzweiflung verloren, die mich in die Flucht trieb. Ich fand ihre Gesellschaft viel befriedigender als alle Notausgänge. Steve, zum Beispiel, war so fürsorglich und gab einfach nicht auf. Ich werde nie vergessen, wie ich ihn einmal in die Ecke gedrängt hatte und halb weinend flüsterte: „Es ist so ... schwer."

Er sagte kein einziges Wort, sondern nahm seine Gitarre und sang ein Lied von Elton John: „... Lieder sind meine Gabe, und dieses Lied ist für dich." Der Text diese Liedes enthielt nicht die geringste Antwort auf meine verzweifelten Fragen, aber der zärtliche und unschuldige Ausdruck der Liebe auf diesem jungen Gesicht war alles, was ich an Heilung brauchte, zumindest für jenen Augenblick.

Diese Mutter meiner Klassenkameradin, Diana, Steve, meine Schwestern ... diese Menschen haben mir unentwegt heilende Augenblicke geschenkt, bis ich diese verzweifelten Selbstmordabsichten überwunden hatte. Ich schaute zurück in die düster vernebelte Depression und erkannte, daß ich keine Antworten, aber Freunde gefunden hatte.

Auch Gott versteht

Es gibt kaum eine lebende Seele, die nicht immer wieder mit dem überwältigenden Drang gerungen hat, dem Leiden zu entfliehen. In der Tat sind oft die stärksten und entschiedensten Heiligen am meisten gefährdet, allem ein Ende zu machen.

Selbst ein so mächtiger Prophet, wie Elia, entdeckte, daß auch er nur Gummi in den Knien hatte. Als die gottlose Königin Isebel das Gerücht hörte, er hätte Hunderte ihrer Priester vernichtet, wollte sie ihm an den Kragen. Elia bekam Angst und rannte um sein Leben. Als er die Wüste erreicht hatte, gab er auf. Er hatte nicht einmal mehr den Mut, selbst ein Ende zu machen – er bettelte Gott um den „Gnadentod".

„Ich habe es satt, Herr", sagte er. „Nimm mir das Leben ..."

Dazu gehört noch eine kuriose Anmerkung. Gott hatte Elia noch am Vortag dazu benutzt, spektakuläre Wunder zu vollbringen. Er hatte das Ende einer Dürre vorausgesagt. Er war der Held des Volkes gewesen. Es gab nichts, worüber Elia sich hätte beschweren können. Warum in aller Welt wollte ausgerechnet er eine so endgültige Lösung für seine winzige Depression?

Aber gerade darum geht es. Ob Sie todkrank sind und in den letzten Zügen liegen, oder ob Sie nur einen üblen Anfall von Montag-Morgen-Melancholie haben, ob Sie als Großmutter im Pflegeheim in einer Sackgasse stecken, oder ob Sie ein junger Mann mit zerebraler Kinderlähmung sind, der in einer ähnlichen Sackgasse steckt und auf das Etikett eines Tablettenröhrchens starrt: vom Superheiligen bis zum Quadriplegiker, wie ich, ist keiner dagegen immun.

Elia könnte es verstehen. Und was viel wichtiger ist, Gott versteht es. Die Umstände mögen bei jedem Menschen anders aussehen, aber wir können Trost darin finden, daß wir alle genauso verletzbar sind wie Elia. Wenn Sie einen genaueren Blick darauf werfen, wie dieser mächtige Prophet wieder aus seinen verzweifelten Selbstmordabsichten herausgefunden hat, dann können Sie sehen, daß auch er diese Antwort in einer persönlichen Begegnung bekam.

Gott selbst kümmerte sich um den Propheten. Gott reichte ihm Nahrung, vielleicht sogar ein paar Süßigkeiten. Gott gab ihm Schlaf, und ich bin sicher, Elias Ruhe war so beruhigend und wohltuend wie Steves sanfter Gesang. Sogar ein offenes, mitfühlendes Ohr hatte Gott für Elia. Der Bericht zeigt, wie der Engel des Herrn Elia berührte und ihm zustimmte: „... du hast einen *weiten* Weg vor dir." (1.Kön 19,7) Dann gab er Elia neue Aufgaben. Das raten ja manchmal auch die Ärzte: von sich selbst wegschauen auf andere.

Wie kann ich Ihnen helfen, das zu verstehen? Die Lektion Elias ist für uns alle gedacht. Genauso gewiß wie der Engel des Herrn Elia einen Schluck kühles Wasser gab und ihm einen erholsamen Schlaf schenkte, berührt Gott unser Leben durch die Menschen, die er uns zur Seite stellt. Die Mutter meiner Klassenkameradin und Diana, meine Mutter und meine Schwestern waren ohne Zweifel das Herz und die Hände Gottes für mich. Und wenn es keinen Steve oder keine Diana gibt, kann Gott Sie persönlich erreichen und Ihnen aus dem Nichts neue Kraft geben.

Elia hat es geschafft, über den Berg zu kommen und dank Gottes Hilfe wieder seinen alten Weg zu finden. Auch ich wußte, daß ich über den Berg war, nachdem ich aufgehört hatte meinen Kopf auf das Kissen zu knallen und anfing zu beten. So habe ich in jenen Nachstunden gebetet, in denen der sanfte Duft der Freundschaft, die mir meine Schwestern, Diana und all die anderen gezeigt hatten, noch in der Luft lag:
„Gott, wenn ich nicht sterben darf... zeig mir, wie ich leben kann."

Das Leben ist lohnenswert
Mit Jesus Christus als Begleiter

Ein Gebet, wie dieses „Zeig mir, wie ich leben kann", setzt voraus, daß man zumindest ein paar der Schritte sehen kann, die vor einem liegen. Aber manchmal sieht man überhaupt nichts. So heißt es in Jesaja 50,10 (Die gute Nachricht): „... wenn sein Weg durchs Dunkel führt und er nirgends ein Licht sieht ..."
Das beschreibt ziemlich genau die Situation von Dorothy Dalenberg. Totale Finsternis. Kein Ausweg. Ein Dunkel so dicht, daß nirgends Licht zu sehen ist. Dorothy ist nicht im Koma, sitzt nicht im Rollstuhl und hat es nicht mit einer tödlichen Krankheit zu tun. Aber mit ihren finsteren und erdrückenden Umständen können sich die meisten Menschen identifizieren. Vielleicht auch Sie:

Liebe Joni,
ich habe mich am Hals verletzt, was zu chronischen Schmerzen und schrecklichem Kopfweh geführt hat. Auf einmal muß ich für Dinge, die ich früher ganz selbstverständlich getan habe, mit Schmerzen, Tränen und Entmutigungen bezahlen. Wenn ich einen Einkaufswagen schiebe, bekomme ich Krämpfe im Nacken. Mehrmals war ich völlig lahmgelegt und mußte mir oft vom Notdienst Spritzen gegen die Schmerzen geben lassen.
Während ich darum kämpfte, mit alledem fertig zu werden, ging meine ganze Welt zu Bruch. Ich mußte mich an den Nebenhöhlen operieren lassen, fuhr mein Auto zu Schrott, und es wurde mir gesagt, ich habe Weichteilrheuma und eine Drüsenerkrankung. Gott schien so weit weg zu sein. Ich konnte den Frieden, den er verheißen hat, nicht spüren.
Ich bekam ziemliche Depressionen. Ich lebte nicht mehr richtig. Ich existierte nur noch von einer Schmerztablette zur nächsten. Keine Hoffnung. So müde. Nach und nach kam ich zu dem Schluß, daß sich mein Leben nicht mehr lohnt. Ich fing an, mir zu überlegen, wie ich dem ein Ende setzen würde. Ich hatte das Gefühl, meine Familie wäre ohne mich besser dran, aber ich hing an ihrer Liebe ... oder vielleicht hing auch ihre Liebe an mir.

Ich sah es zuerst nicht, aber Gott war die ganze Zeit über da gewesen. In den Freundinnen, die mir zuhörten, für mich sorgten und mich akzeptierten. Mit Hilfe meiner Ärzte und eines Seelsorgers lernte ich, meine Schmerzen zu kontrollieren und nicht zuzulassen, daß sie mich kontrollierten. Ich entdeckte, daß mein Wert nicht davon abhing, was ich tun kann oder wie ich mich fühle. Meine Sicherheit wird davon bestimmt, wer ich in Christus bin.
Mein Leben wird nie mehr sein wie früher. Aber Gott hat mir Lasten auferlegt, damit ich mich um andere in den dunklen Stunden ihres Lebens kümmere. Ich werde wohl immer Schmerzen haben, aber nun weiß ich, daß Er mich nie verlassen oder aufgeben wird.
Dorothy Dalenberg

Irgendwo in ihrer dunkelsten Stunde stammelte Dorothy ein Gebet, das meinem ähnlich gewesen sein dürfte: „Zeig mir, wie ich leben kann." Und Jesaja 50,10 wurde für Menschen wie sie und mich geschrieben. „... wenn sein Weg durchs Dunkel führt und er nirgends ein Licht sieht ..." Sie hatte die undurchdringliche Finsternis erlebt und wußte, daß es nirgends ein Licht gab. Manche würden sagen, daß sei Signal genug, um allem ein Ende zu setzen. Aber lesen Sie den Rest des Verses. Dort heißt es: „Auch wenn sein Weg durchs Dunkel führt und er nirgends ein Licht sieht – *auf den Herrn kann er sich verlassen, sein Gott hält und führt ihn*".

Als Dorothy in der Finsternis ihre Hand ausstreckte, ohne zu erwarten, daß sie dort irgend etwas finden könne – nicht einmal einen Lichtschalter, um ein wenig Hoffnung auf ihre düsteren Umstände zu werfen, – da fand sie seine Hand, der mitten in ihrer dunkelsten Stunde bei ihr war. Gott hat ihr gezeigt, wie sie leben kann, indem er ihr zeigte ... wer er selbst ist.

Sie werden nur dann ein lohnenswertes Leben finden, wenn Sie in der Dunkelheit Ihre Hand ausstrecken, um die Hand Christi zu entdecken. Vielleicht hat Jesus deshalb gesagt: „Ich bin das Licht der Welt." Lichtstrahlen finden wir zuerst und vor allem in ihm.

Und hören Sie, was Jesus sagt, nicht über das Licht, sondern auch über das Leben. Er sagt: „Sorgt euch nicht um euer Leben." (Mt 6,25) „Ich bin gekommen, damit sie das Leben und volle Genüge haben sollen." (Joh 10,10) Er sagt auch: „Ich bin die Auferstehung und das Leben." (Joh 11,25) „Ich bin der Weg, die Wahrheit und das Leben." (Joh 14,6) Sogar einer seiner Jünger sagte: „Herr, wohin sollen wir gehen? Du hast Worte des ewigen Lebens." (Joh 6,68)

Das Leben ist unauflöslich und eng an Jesus gebunden. Jesus ist wirklich das Leben – das hat er selbst gesagt. Wenn wir also lohnenswertes Leben suchen, dürfen wir es nicht in den glücklichen oder kläglichen äußeren Umständen oder unserer Gesundheit suchen, auch nicht in Beziehungen. Leben ist in Christus. Darum glauben Dorothy und zahllose andere, die ich erwähnt habe, daß das Leben lohnenswert ist. Sie messen den Mut und die Liebe, Freunde und ein Lächeln, Geduld und Beharrlichkeit, Gedichte und Musik, Friede und Hoffnung ... sie messen dieses „Leben", das Gott gibt, und kommen zu dem Schluß, daß es die Mühe lohnt.

Zurück zum Anfang

Erinnern Sie sich, wie ich Ihnen am Anfang dieses Buches von meiner dreiwöchigen Bettlägrigkeit wegen der Druckgeschwüre erzählte? Wie ich das Vogelhäuschen beschrieb, das mein Mann Ken vor unser Schlafzimmerfenster gehängt hatte, und von den vielen Spatzen, die gekommen waren? Ich erzählte, wie mich meine Depression auf die Spatzen eifersüchtig gemacht hatte, die so sorglos fliegen und flattern konnten.

An einem dieser langen, düsteren Abende im Bett laß ich in der Bibel und landete bei einer Stelle, in der Jesus etwas über die Spatzen lehrte. Er sprach zu seinen Jüngern über die Zukunft, und als er merkte, wie sich Furcht in ihren Herzen breitmachte, versicherte ihnen Jesus: „Kauft man nicht zwei Sperlinge für einen Groschen? Dennoch fällt keiner von ihnen auf die Erde ohne euren Vater. Nun aber sind auch eure Haare auf dem Haupt alle gezählt. Darum fürchtet euch nicht; ihr seid besser als viele Sperlinge." (Mt 10,29-31)

Ich schaute zum Vogelhäuschen herüber und lächelte. Ich konnte verstehen, daß Jesus es bemerken würde, wenn ein Adler oder Falke oder Habicht auf die Erde fallen würde. Das sind wichtige Vögel, eine Sorte, um die es sich zu kümmern lohnt. Aber so ein unbedeutender Spatz? Die gibt es doch wie Sand am Meer. Das hat Jesus selbst gesagt.

Doch aus den Tausenden von Vogelarten wählte der Herr den wertlosesten, am wenigsten beachteten und vergammeltsten aus. Ein nicht mal faustgroßes Ding, das sogar passionierte Vogelbeobachter ignorieren.

Dieser Gedanke beruhigte mich. Ich hatte das Gefühl, daß es jemand gab, dem ich wichtig war und der mich bemerkte. Denn wenn Gott von jedem kleinen Spatzen Notiz nimmt – wer sie sind, wo sie sind und was sie machen – dann weiß ich, daß er auch mich genau beobachtet. Während der restlichen Tage, die ich noch im

Bett bleiben mußte, war jeder Vogel, der zur Fütterung kam, eine frohe Erinnerung daran, daß Gott an jedem Detail meines Lebens interessiert war.

Wie ich bereits im ersten Kapitel erzählt habe, sind meine Druckgeschwüre verheilt. Ich habe auch den Meilenstein der fünfundzwanzigjährigen Behinderung hinter mich gebracht; ich habe mein sechsundzwanzigstes Jahr im Rollstuhl begonnen. Es wird unausweichlich Tage geben, in denen ich wieder mit Angst zu kämpfen haben werde. Sorgen werden sich aufdrängen. Zweifel werden zuschlagen. Depressionen werden mich niederdrücken. Und man muß nicht im Rollstuhl leben, um sich damit identifizieren zu können.

Wir beide werden gut daran tun, wenn wir uns daran erinnern: „Fürchte dich nicht, du kleine Herde! Denn es hat eurem Vater wohlgefallen, euch das Reich zu geben." (Lk 12,32) Wenn der mächtige Gott des Himmels sich für einen unwichtigen, kleinen Spatz interessiert, der an dem Vogelhäuschen vor meinem Fenster herumklettert, dann kümmert er sich auch um Sie.

Vorwärts, auf das Ende zu

Eines Tages wird Ihr geschlagener, mitgenommener Körper bedeutungslos werden. Heute schreit er nach Ihrer ganzen Aufmerksamkeit, aber wenn Sie Ihr Vertrauen auf Christus setzen, wird Ihr Körper eines Tages zweitrangig sein. Wie C.H. Spurgeon gesagt hat: „Heute tragen wir unseren Körper außen und unsere Seele innen. Aber im Himmel werden wir unseren Körper innen tragen und unsere Seele außen."

Was könnte die Bibel sonst wohl meinen, wenn sie sagt, daß wir eines Tages in Gerechtigkeit gekleidet sein werden. Wir werden unsere Gerechtigkeit tragen, als wäre sie ein schönes Kleid. Ich bin sicher, das ist auch der Grund, warum die Bibel Sie ermahnt, sich diesseits der Ewigkeit bereit zu machen, nach dem Rat von Kolosser 3,12: „So zieht nun an ... Geduld."

Haben Sie Geduld. Geben Sie nicht auf. Dieses Leben ist noch nicht vorbei. Es wird besser werden. Eines Tages werden Sie den perfektesten „Letzten Abgang" erleben.

Denn Gott wird mich erlösen aus des Todes Gewalt; denn er nimmt mich auf.
Psalm 49,16

Anhang:

Die Perspektive eines Arztes

Seit drei Jahrzehnten sind wir der Debatte um das Sterberecht ausgesetzt und die Argumente für die Euthanasie werden uns, verborgen hinter immer täuschenderen Fassaden, ständig schmackhafter gemacht. In jüngster Zeit haben wir die Ambivalenz erlebt, mit der die Gesellschaft Ärzten begegnet, die Patienten beim Selbstmord helfen.

Ich habe Euthanasie immer als einen Tod definiert, der durch eine willentliche Entscheidung hervorgerufen wird. Jemand hat den Beschluß gefaßt, daß das betreffende Leben nicht mehr lohnenswert ist. Es besteht ein Unterschied, ob auf der einen Seite einem Menschen das Leben ermöglicht wird, das ihm zusteht, oder ob auf der anderen Seite, das Sterben in die Länge gezogen wird.

Es besteht auch ein Unterschied, ob einerseits das Lebensende eines sterbenden Menschen seinen natürlichen Verlauf nehmen darf oder ob andererseits der Tod eines Menschen beschleunigt wird, mit welchen Mitteln und zu welchen Zweck auch immer, auch wenn es mit den besten Intentionen geschieht.

Noch vor dreißig Jahren und vorher kreiste die Debatte um die Euthanasie um die Schmerzen, die nicht gemildert werden konnten. Heute, wo es in den meisten Fällen möglich ist, Schmerzen und Leiden zu lindern, hat sich die Diskussion darauf verlagert, das Leben derjenigen zu beenden, die an ihrer Situation verzweifeln, die nicht durch den diagnostizierten Krankheitsverlauf sterben wollen, die wissen, daß sie unheilbar krank sind, oder die ihre Selbstkontrolle, Würde oder Lebensqualität verloren haben.

Wir haben, sehr zu unserem Nachteil, die Heilung gegenüber der Pflege überbetont. Die medizinische Tradition, die uns über 2.000 Jahre lang so gut gedient hat, hat ihren Ursprung bei Hippokrates und seinen Schülern. Sie hatten ihren Patienten wenig zu bieten, außer Pflege und Integrität. Unter anderem heißt es im Hippokratischen Eid: „Ärztliche Verordnungen werde ich treffen zum Nutzen der Kranken nach meiner Fähigkeit und meinem

Urteil, hüten aber werde ich mich davor, sie zum Schaden und in unrechter Weise anzuwenden."

Der Hippokratische Eid ist das beständigste ethische Erbe in der medizinischen Praxis. Er wird vom Dozenten an den Studenten, von einem Mediziner an seinen Nachfolger, von einer Generation an die nächste weitergegeben. Der Hippokratische Eid und die damit verbundene Tradition haben der Menschheit über 2.000 Jahre gut gedient und wurden zur medizinischen Ethik und zum Wertesystem, wodurch die westliche Medizin erst zu der Kunst wurde, die sie heute darstellt. Erst in jüngster Zeit, seit dem Zweiten Weltkrieg, ist diese edle Tradition in Gefahr geraten. Der Eid hat in der heutigen Gresellschaft noch dieselbe Funktion, wie zu dem Zeitpunkt, als er zum ersten Mal ausgesprochen wurde. Der Eid verpflichtet Mediziner zu einem höheren ethischen Maßstab, als ihn die Gesellschaft im allgemeinen besitzt.

In jener Gesellschaft, in der der Hippokratische Eid formuliert wurde, waren die Grenzen zwischen Medizinern, Medizinmännern und Zauberern fließend geworden, ähnlich wie die Grenzen zwischen Medizinern und Scharfrichtern. Die Gesetze jener Gesellschaft, in der die ersten Mediziner den Hippokratischen Eid schworen, hatten es den Ärzten erlaubt zu töten, Abtreibungen vorzunehmen und die Privatsphäre ihrer Patienten zu mißbrauchen.

Der Eid rief Mediziner nicht dazu auf, die Gesetze ihrer Gesellschaft zu ändern – das war nicht ihre Aufgabe –, sondern sich selbst auf einen höheren ethischen Maßstab zu verpflichten.

Der Eid versuchte zu sagen: „Ich [d.h. wir von der Schule des Hippokrates], ich stehe über diesen Dingen. Wenn auch andere, die sich als Ärzte bezeichnen, solche Dinge tun, ich nicht. Ihr könnt euch darauf verlassen, daß ich als Arzt verantwortlich handeln werde."

Sie werden die Hippokratische Tradition richtig interpretieren können, wenn Sie deren grundlegende Prämisse verstehen: Der Arzt ist einer, der heilt. Der wichtigste Aspekt des Hippokratischen Eides ist vielleicht die Tatsache, daß er sich an keiner Stelle und auf keine Weise dafür ausspricht, daß der Arzt die Aufgabe hätte, menschliches Leiden zu erleichtern. Der antike Arzt jener Zeit konnte so gut wie keine Gesundung herbeiführen, und es deutlich, daß er innerhalb dieses Spielraumes alles tat, was er konnte, um dem Patienten nicht zu schaden.

Da der antike Arzt nur über wenige Medikamente und Behandlungsmöglichkeiten verfügte, erlag er oft der Versuchung zu töten, einen Selbstmord zu unterstützen und so das Leiden durch den Tod zu beenden. Aber das wollte Hippokrates nicht. Schmerzen lindern, ohne Frage, aber nicht so, daß dadurch die Unantastbarkeit menschlichen Lebens verletzt würde, denn das war die Grundprämisse des heilenden Mediziners.

Ich ging auf die medizinische Fakultät, um zu lernen, wie Leben gerettet und Leiden gemindert werden kann. Ich sah zwischen diesen beiden Gesichtspunkten keinen Gegensatz, denn ich war ein Mediziner in der Tradition des Hippokrates. Leben zu nehmen war absolut verboten. Wenn ich behandeln oder heilen konnte, so tat ich es, aber egal, ob ich Erfolg dabei hatte oder scheiterte, es ging mir immer darum, das Leiden meiner Patienten zu lindern.

Hippokratische Medizin verlangt niemals, daß der Sterbeprozeß verlängert werden soll. Wenn ich alles für meinen Patienten getan habe und eine Heilung nicht möglich ist, kann ich auch innerhalb der Verpflichtung, „keinen Schaden zuzufügen", sein Leiden abschwächen.

Im allgemeinen mögen die Leute keine windigen Argumente. Aber das hier ist eine windige Sache. Ich hätte nie gedacht, daß ausgerechnet Holland die Unantastbarkeit des Lebens aufheben würde. Und doch haben sie es getan. Obwohl in Holland Beihilfe zum Selbstmord oder Euthanasie illegal ist, hat das Gesetz beschlossen wegzuschauen. Verfechter der Euthanasie haben die Amerikaner über die Zufriedenheit der Holländer mit der vereinfachten Handhabung der Euthanasie getäuscht. Wenn ein Patient sterben will, wird ihm eine tödliche Injektion verabreicht. In Wahrheit hat die Praxis der Euthanasie in Holland die Richtlinien und Maßstäbe, die von der Medizinischen Gesellschaft der Niederlande ursprünglich festgelegt worden waren, überschritten. Innerhalb weniger Jahre gab man es ganz auf, weitere Gutachten über die Notwendigkeit der Euthanasie einzuholen. Wo Todesfälle durch Euthanasie festgestellt werden, gibt es nur sehr wenige und sporadische Überprüfungen. Viele Todesfälle durch Euthanasie werden überhaupt nicht entsprechend verzeichnet, nicht einmal auf dem Totenschein. Die ganze Beweislage in dieser Sache unterliegt der Kontrolle des Arztes, und es wurden bereits Patienten getötet, ohne daß sie um ihren Tod gebeten hatten. Das könnte auch bei uns passieren.

Dr. C. Everett Koop

Anmerkungen

[1] Protokoll der *Today Show*, 5. August 1991

[2] „Assigning the Blame for a Young Man's Suicide", *Time*, 18. November 1991, S. 13

[3] P. Marx, *And Now ... Euthanasia*, 2. Auflage, Issues in Law and Medicine, Terre Haute, Indiana. National Legal Center for the Medically Dependent and Disabled, Inc., 1985

[4] „Choosing Death", *Newsweek Magazine*, 26. August 1991, S. 43

[5] „Assisted Suicide Idea Isn't New, But It Still Stirs a Storm of Protest", *World Magazine*, 16. Juni 1990, S. 10

[6] Ed Bobs, „Saying Life is Not Enough, the Disabled Demand Rights and Choices", *New York Times*, 31. Januar 1991

[7] Isaac Asimov, Text auf der Umschlagrückseite von *Final Exit* von Derek Humphry

[8] Chuck Colson, „It's Not Over, Debbie", *Christianity Today*, 7. Oktober 1988, S. 80

[9] *Webster's New World Dictionary*, Studien-Ausgabe, New York (Simon & Schuster), 1982

[10] „Euthanasia: Murder or Mercy?", *Backgrounder, The Berean League*, Nr. 2, März 1987, S. 1

[11] „The Hemlock Manuever", *Physician Magazine*, März/April 1991, S. 2

[12] Charles M. Coffin, *The Complete Poetry and Selected Prose of John Donne*, New York (Random House), 1952, S. 441

[13] „Euthanasia: Final Exit, Final Excuse", *First Things*, Dezember 1991, S. 5

[14] „Ten Reasons Why Washington Physicians Oppose Initiative 119", gefördert von Washington Physicians Against 119

[15] H. Hillhorst, V. Kragt, A. Baanders, *Euthanasia in the Hospitals*, englische Ausgabe, 1983

[16] Derek Humphry, *Final Exit*, Eugene, Oregon (The Hemlock Society, USA), 1991, S. 62

[17] Viktor E. Frankl, *Man's Search for Meaning*, 32. Auflage, New York (Simon & Schuster), 1984, S. 75 u. S. 116

[18] Idee aus James M. Wall, „In the Face of Death: Rights, Choices, Beliefs", *Christian Century*, 21.-28. August 1991

[19] „Quadriplegic Petitions Court to Let Him Die", Zeitungsartikel, 1989

[20] Für einen weiteren Einblick in die Ansichten Dr. Viktor Frankls über Gott verweise ich auf sein Buch [dt.] *Der Unbewußte Gott. Psychotherapie und Religion*. 8. Auflage, 1991

[21] Judge Rules Quadriplegic Can End Life at Will", *Associated Press, Kingsport Times-News*, 7. September, 1989, S. 4 B

[22] Idee aus Erika Schuchardt [dt.], *Warum gerade ich ...? Leiden und Glauben. Schritte mit Betroffenen und Begleitenden.* 7. Auflage, 1993

[23] Zehntausende Körperbehinderte im jungen Erwachsenenalter fühlen sich in Pflegeheimen gefangen. Die Interessengruppen für die Rechte Behinderter kämpft darum, sie zu befreien. In Staaten wie Kalifornien leben Behinderte in eigenen Appartements, haben Familien, gehen zur Schule und haben Jobs. Ihr unabhängiges und produktives Leben ist zum Teil das Ergebnis des California's In-Home Support Service Program's. Es stellt finanzielle Hilfen für die Haushaltsführung und praktische Unterstützung bei persönlichen Bedürfnissen zur Verfügung. Der Fall von Larry McAfee zeigt: Das Leben von Menschen zu retten und ihnen Rehabilitations-Möglichkeiten zur Verfügung zu stellen, ist sinnlos, wenn man ihnen das Recht und die Mittel verweigert, ihr Leben selbständig zu führen.

[24] C. Samuel Storms, *To Love Mercy*, Colorado Springs (NavPress), 1991, S. 9

[25] Viktor E. Frankl, *Man's Search for Meaning*, a.a.O., S. 87f

[26] „Deliverance from Hell", *Hemlock Quarterly*, Oktober 1991, S. 5

[27] Ohne Hesekiel 28,11-19 heranzuziehen, vertreten Christen generell die Ansicht, daß der Teufel einer der gefallenen Engel aus Judas 6 und 2. Petrus 2,4 ist. Es ist eine logische Schlußfolgerung, daß der höchste der Dämonen Satan sein muß.

[28] Peter Kreeft, *Making Sense Out of Suffering*, Ann Arbor, Michigan (Servant Books) 1986, S. 143. Gott liebt uns vollkommen, egal auf welcher Stufe geistlicher Reife wir uns befinden. Es bezeugen jedoch viele, daß Gott denen besondere Zuneigung schenkt, die ihn in der Art des Apostels Johannes oder König Davids suchen und achten. Diese beiden Männer waren „die besten Freunde" Gottes. Ich benutze das Zitat von Kreeft, um zu unterstreichen, daß Gott wichtiger ist, wer wir werden, als was wir tun. Daher gibt er jedem von uns, unabhängig von unserer Funktionsfähigkeit, die Gelegenheit Gott zu gefallen, ganz gleich, welche Berufung wir haben.

[29] Das eigentliche Thema dieser Geschichte ist tatsächlich nicht der „Gnadentod", sondern einem Menschen zu schaden, der zum Dienst für Gott ausgesondert wurde. David war wütend, weil der Amalekiter „den Gesalbten des Herrn" getötet hatte. Wir sollten sicher den gleichen Respekt vor dem Leben eines auserwählten Kindes Gottes haben, wie die Israeliten vor ihrem König hatten.

[30] Manche evangelische Christen denken, daß moralische Prinzipien dann verletzt werden können, wenn unterschiedliche Pflichten in Konflikt geraten. In der Schrift wird es jedoch nie als richtig angesehen, ein Gebot Gottes zu mißachten, und umgekehrt ist es nie Sünde, richtig zu handeln. Für weitere Informationen zur Frage, ob es jemals gerechtfertigt sein kann, Gott in moralischen Fragen nicht zu gehorchen, verweise ich auf das Buch von John Frame, *Medical Ethics*, Phillipsburg, N.J. (Presbyterian and Reformed Publishing Company), 1988

[31] „The Nightmare Nears", *Moody Monthly*, Leitartikel, Januar 1992, S. 8

[32] Elisabeth Elliot, *Forget Me Not*, Portland, Oregon (Multnomah Press), 1989

[33] *Webster's New World Dictionary*, a.a.O.

[34] C. Everett Koop, *The Right to Die*, S. 110

[35] „Euthanasia", *Ethical Statement*, Christian Medical and Dental Society, 3. Mai 1990

[36] C. Everett Koop, „The Surgeon General on Euthanasia", *Presbyterian Journal*, 25. September 1985, S. 8

[37] Rita L. Marker, „What's All the Fuss about Tube Feeding?", *New Covenant*, Januar 1991, S. 19

[38] „Euthanasia", *Ethical Statement*, a.a.O.

[39] C. Everett Koop, „The End Is Not the End", *Christianity Today*, 6. März 1987, S. 18

[40] Callista Gould, „Two Real Life ‚Awakenings' Challenge PVS Diagnosis", *National Right to Life News*, Januar 1992, S. 34

[41] Dr. John M. Frame, in einem persönlichen Brief

[42] Glen Davidson, *Living with Dying*, Minneapolis (Augsburg Publishing), 1975

[43] „Durable Power of Attorney for Health Care", Gesetzestext des *California Civil Code*, Abschnitte 2410-2443

Medizinische Fachbegriffe

Alzheimersche Krankheit – Rückbildung des Hirns
Amputation – operative Entfernung eines Gliedmaßes
amyotrophische Lateralsklerose – Rückbildung des Muskelgewebes
Chemotherapie – Krebsbehandlung mit Pharmaka
degenerative Nervenkrankheit – Zerfallen der Nervenzellen
Diabetes – erhöhter Blutzucker, Zuckerkrankheit
Dialysebehandlung – Reinigung des Blutes von Harnstoffen und anderen Substanzen
eiserne Lunge – Kammer, die zur maschinellen Beatmung den Körper umschließt
Heimlich-Handgriff – Bauchdruckmethode bei Erstickungsgefahr
Infusion – künstliche Ernährung
intravenös – in die Blutbahn
Insulin – Präparat zur Regulation des Blutzuckers
Katheder – künstlicher Harnableiter
Klaustrophobie – Raumangst
Koma – Bewußlosigkeit, bei der der Patient durch äußere Reize nicht zu wecken ist
manischen Depression – Depression, bei der Angst und Unruhe im Vordergrund stehen
Multiple Sklerose – Entzündung des Zentralnervensystems mit Lähmungsfolgen
neuromuskuläre Erkrankung – erbliche Form der Muskelrückbildung
Orphenadrin – Mittel gegen Erkrankungen des Nervensystems
Osteogenesis imperfecta – erbliche Bindegewebserkrankung, „Glasknochenkrankheit"
Phenobarbital – krampflösendes Mittel
Physiotherapie – Therapie zur Aktivierung der körperlichen Funktionen
Polio – Kinderlähmung
Quadriplegie – Vierfachlähmung
Senilität – altersbedingtes Nachlassen der geistigen Fähigkeiten
Skoliose – seitliche Verbigung der Wirbelsäule
Spina bifida – angeborene Spaltung der Wirbelsäule

Tracheotomie – Luftröhrenschnitt
vegetatives Stadium – Bewußtlosigkeit
zerebrale Kinderlähmung – Polio
zystische Fibrose – erbliche Stoffwechselstörung